W0048124

AUSGEWÄHLTE TEXTE

Herausgegeben von
Hans Christian Meiser

MARIA MONTESSORI

GOLDMANN VERLAG

Der Goldmann Verlag
ist ein Unternehmen der Verlagsgruppe Bertelsmann

Made in Germany · 3/90 · 1. Auflage
Genehmigte Taschenbuchausgabe
Die Originalausgaben der Werke Maria Montessoris, aus
denen Texte laut Quellenverzeichnis S. 249 f. entnommen
sind, sind im Verlag Herder GmbH & Co. KG, Freiburg im
Breisgau erschienen
© dieser Ausgabe 1990 by Wilhelm Goldmann Verlag, München
Umschlaggestaltung: Design Team München
Umschlagfoto: Süddeutscher Verlag, Bilderdienst, München
Satz: Filmsatz Schröter GmbH, München
Druck: Presse-Druck, Augsburg
Verlagsnummer: 11050
Lektorat: Ulrike Kloepfer
Herstellung: Gisela Ernst
ISBN 3-442-11050-5

Inhalt

Zur Person

Die italienische Ärztin und Pädagogin Maria Montessori wurde am 31. 8. 1870 in Chiaravalle bei Ancona
geboren und starb am 6. 5. 1952 in Noordwijk aan Zee/
Niederlande. Sie ist die Begründerin eines modernen
Unterrichts, in dem die individuelle Selbständigkeit
und Selbsttätigkeit des Kindes besonders gefördert
wird. »Die ältere Pädagogik«, schreibt Clara Grunwald
1923, »baut sich auf logischen Grundsätzen auf: Man
geht vom Einfachen zum Zusammengesetzten, vom
Bekannten zum Unbekannten, vom Leichten zum
Schweren, vom Konkreten zum Abstrakten. Wenn wir
aber auf den ursprünglichen Tätigkeitsdrang des Kin-
des eingehen, treffen wir bald auf sein natürliches
Interesse. Dieses Interesse treibt das Kind auf dem
Wege seiner inneren Entwicklung vorwärts.« Maria
Montessori legt ihre umwälzenden Theorien und Ziele
in Büchern nieder: Selbsttätige Erziehung im frühen
Kindesalter 1909 (dt. 1913, Neuausgabe unter dem Titel
»Die Entdeckung des Kindes«[8] 1987), Mein Handbuch
1914 (dt. 1922), Grundlagen meiner Pädagogik 1934,
Kinder sind anders 1938 (dt. 1952), Von der Kindheit
zur Jugend (dt. 1966), Das kreative Kind (dt. 1972),
Frieden und Erziehung (dt. 1973). Am 6. 1. 1907 wird in

der Via dei Marsi 53 im römischen Stadtteil San Lorenzo unter dem Namen »Casa dei Bambini« die erste Montessori-Schule eröffnet. Die erste in Deutschland existierende Einrichtung dieser Art in Berlin-Lankwitz wird 1922 »aus Mangel an Mitteln« geschlossen.

Mittlerweile jedoch gibt es weltweit Montessori-Einrichtungen, allein in der BRD sind es ca. 180 Kindergärten und etwa 60 Schulen, viele davon mit Einzeltherapie für behinderte Kinder. Zu Recht kann Maria Montessori als die bedeutendste Pädagogin der Moderne bezeichnet werden.

GESCHICHTE DER METHODEN

Um eine wissenschaftliche Pädagogik aufzubauen, muß also ein anderer als der bisher für richtig angesehene Weg eingeschlagen werden.

Die Schulung der Lehrkräfte hat gleichzeitig mit der *Umgestaltung der Schule* zu erfolgen. Haben wir Lehrkräfte so vorbereitet, daß sie beobachten und Versuche anstellen können, so ist es angebracht, daß sie beides in der Schule durchführen können.

Eine der Grundlagen der wissenschaftlichen Pädagogik muß deshalb eine Schule sein, wo die Entwicklung spontaner Äußerungen und individueller Lebhaftigkeit des Kindes gestattet sind. Falls sich eine Pädagogik aus dem *individuellen Studium des Schülers* entwickeln soll, so muß dieses Studium wie folgt verstanden werden: es hat sich aus der Beobachtung von freien, das heißt beobachteten und überwachten, aber nicht unterdrückten Kindern zu ergeben.

Die pädagogische Erneuerung durch methodische Untersuchung der Schüler nach den von der pädagogischen Experimental-Anthropologie vorgeschlagenen Leitfäden dürfte man vergebens erwarten.

Jeder Zweig der Experimentalwissenschaft hat sich aus der Anwendung einer eigenen *Methode* entwickelt. Die Bakteriologie verdankt ihren wissenschaftlichen Inhalt der Methode der Isolierung und Züchtung von Mikroben; die Kriminalanthropologie, genau wie die

medizinische und pädagogische Anthropologie verdanken ihren Inhalt der Anwendung anthropometri-
scher Methoden auf verschiedene Gruppen von Individuen, wie Kriminelle, Irre, Kranke in Kliniken, Schüler. Die Experimentalpsychologie verlangt als Ausgangspunkt eine exakte Definition der Versuchstech-
nik.

Im allgemeinen ist es wichtig, die *Methode, die Technik*
zu bestimmen und aus ihrer Anwendung das Ergebnis
des Versuches *abzuwarten*. So liegt eines der charakteristischen Merkmale der Experimentalwissenschaften
darin, den Versuch *ohne jegliche vorgefaßte Meinung* über
seinen möglichen Ausgang in Angriff zu nehmen. Will
man zum Beispiel Versuche über die Entwicklung des
Kopfes bei mehr oder weniger intelligenten Kindern
machen, so ist eine der Vorbedingungen des Versuches, daß man bei der Kopfmessung *nicht weiß*, welches
die intelligentesten und welches die begriffsstutzigsten
Kinder sind, damit die vorgefaßte Meinung, die intelligentesten müßten auch den besser entwickelten Kopf
haben, nicht unbewußt die Forschungsergebnisse ver-
fälscht.

Das heißt, wer Versuche unternimmt, muß sich in dem
bewußten Augenblick von jeder vorgefaßten Meinung
freimachen – und an den Vorurteilen hat auch die
formale Bildung teil.

Wenn wir also mit Experimentalpädagogik Versuche
betreiben wollen, so ist es zweckmäßig, nicht auf verwandte Wissenschaftszweige zurückzugreifen, son-

dern diese so gut wie nicht zu beachten, um mit »unbe-
rührtem« Geist, ohne störende Hindernisse die Suche
nach der Wahrheit ausschließlich im eigentlichen pädagogischen Gebiet vornehmen zu können.

Wir dürfen also zum Beispiel nicht von einer vorgefaßten Meinung über Kinderpsychologie ausgehen, sondern müssen eine Methodik zugrundelegen, durch die
wir die Freiheit des Kindes sicherstellen, um aus der
Beobachtung seiner spontanen Äußerungen die wahre
Kinderpsychologie zu entnehmen. Diese Methode hält
für uns vielleicht große Überraschungen bereit.

Das Problem stellt sich also wie folgt: die *geeignete
Methode* für die Experimentalpädagogik ist festzulegen.

Sie kann nicht dieselbe sein wie in anderen Wissen-
schaftszweigen: Wenn die wissenschaftliche Pädagogik in gewissem Sinne von Hygiene, Anthropologie
und Psychologie ergänzt wird und auch teilweise die
entsprechenden methodologischen Techniken anwen-
det, so beschränkt sich dies lediglich auf Einzelheiten
über das Studium des zu erziehenden Individuums,
also auf etwas, das parallel zu der *»völlig anders gearte-
ten«* Aufgabe *der Erziehung* laufen soll und nur einen
Nebenzweig der Pädagogik bilden kann.

Meine vorliegende Studie behandelt speziell die *Methode der Experimentalpädagogik*; sie ergibt sich aus meinen Erfahrungen in Kindergärten und in den ersten
Grundschulklassen.

Was ich jedoch hier vorlege, ist nur der erste Schritt, und zwar die Methode, wie ich sie an Kindern von 3 bis 6 Jahren angewandt habe – ich glaube jedoch, daß dieser Versuch wegen seiner überraschenden Ergebnisse einen Anreiz bietet, das in Angriff genommene Werk weiterzuführen.

Die ist deshalb besonders angebracht, weil das Erziehungssystem, das sich bei meinen Erfahrungen als ausgezeichnet erwies, in sich noch nicht abgeschlossen ist, jedoch schon ein relativ organisches Ganzes bildet, um mit Erfolg in Kindergärten oder den ersten Grundschulklassen angewandt zu werden.

Wenn ich sage, daß die vorliegende Arbeit aus zweijähriger Erfahrung entstand, so ist dies nicht ganz richtig: Ich glaube nicht, daß diese meine letzten Versuche die *Schaffung* all dessen ermöglicht hätten, was ich nachstehend vorbringe.

Das Erziehungssystem in den Kinderhäusern ist tatsächlich nicht ohne seine weit zurückliegenden Anfänge denkbar. Wenn der Verlauf dieses Versuches bei *normalen Kindern* so kurz ausfällt, fußt er jedoch auf früheren Versuchen mit *anomalen Kindern*, und als solcher bedeutet er einen sehr langwierigen Denkprozeß.

Als Assistenzärztin an der Psychiatrischen Klinik der Universität Rom hatte ich vor einigen Jahrzehnten Gelegenheit, das Irrenhaus zu besuchen, um die Kranken zu beobachten, die für den klinischen Unterricht auszuwählen waren – und so interressierte ich mich für im Irrenhaus untergebrachte idiotische Kinder. In jener Zeit befand sich die Schilddrüsen-Organtherapie in voller Entwicklung und lenkte inmitten von Konfusion und Übertreibung therapeutischer Erfolge stärker als vorher das Interesse der Ärzte auf schwachsinnige Kinder. Ich hatte einen regulären medizinischen Dienst in Krankenhäusern für innere Medizin und in pädiatrischen Ambulanzen geleistet und so schon vorher meine Aufmerksamkeit ganz besonders dem Studium von Kinderkrankheiten gewidmet.

Da ich mich für Idioten interessierte, lernte ich die von Édouard Séguin erdachte spezielle Erziehungsmethode für diese unglücklichen Kinder kennen und begann mich ganz allgemein mit den damals auch unter praktischen Ärzten aufkommenden Gedanken der Wirksamkeit »pädagogischer Behandlung« bei verschiedenen Krankheitsbildern – wie Taubheit, Lähmung, Idiotie, Rachitis usw. – zu befassen. Die Tatsache, daß die Pädagogik sich in der Therapie mit Medizin zusammentun mußte, war die praktische Errungenschaft des Denkens der damaligen Zeit, und die Kinesiotherapie hat sich ja gerade in dieser Richtung entwickelt.

Im Gegensatz zu meinen Kollegen hatte ich jedoch die Eingebung, daß das Problem der geistig Zurückgebliebenen eher überwiegend ein *pädagogisches* als überwiegend ein medizinisches war; während auf medizinischen Kongressen viele von der medizinisch-pädagogischen Methode zur Behandlung und Erziehung schwachsinniger Kinder sprachen, nahm ich auf dem Turiner Kongreß 1898 die *moralische Erziehung* zum Thema. Ich glaube, daß ich dabei eine stark schwingende Saite berührte, da der Gedanke, der von den Medizinern zu den Grundschullehrern übersprang, sich im Nu als eine die Schule interessierende lebendige Frage verbreitete.

Ich erhielt in der Tat von meinem Lehrmeister, dem hervorragenden Erziehungsminister Guido Bacelli den Auftrag, vor den Lehrerinnen in Rom eine Vortragsfolge über die Erziehung schwachsinniger Kinder zu halten. Dieser Kurs entwickelte sich danach zur Scuola magistrale ortofrenica, die ich noch zwei Jahre lang leitete.

Dieser Schule hatte ich eine Klasse von Externen mit verlängerter Unterrichtszeit angegliedert, in die ich Kinder aufnahm, die wegen Geistesschwäche als in Grundschulen nicht erziehbar angesehen wurden. Später entstand dank einer Gesellschaft ein pädagogisches Institut, in dem neben den Externen alle idiotischen Kinder des römischen Irrenhauses untergebracht wurden.

So bereitete ich mit Hilfe von Kollegen die römischen Lehrer zwei Jahre lang nicht nur auf die Spezialmethoden zur Beobachtung und Erziehung schwachsinniger Kinder vor, sondern, was wichtiger ist, ich begann, selbst Kinder zu unterrichten und die Arbeit der Erzieherinnen schwachsinniger Kinder in unserem Institut zu leiten, nachdem ich in London und Paris die

Erziehung von geistig Zurückgebliebenen in der Praxis studiert hatte.

Ich war länger anwesend als eine Grundschullehrerin und unterrichtete die Kinder ohne festen Turnus ununterbrochen von acht Uhr morgens bis sieben Uhr abends. Diese zwei Jahre Praxis geben mir meinen ersten und wahren Anspruch in bezug auf Pädagogik. Seit jener Zeit in den Jahren 1898 bis 1900, widmete ich mich der Erziehung geistig zurückgebliebener Kinder und glaubte intuitiv zu erfassen, daß diese Methoden nicht nur ein Versuch waren, den Idioten zu helfen, sondern *vernünftigere* Erziehungsgrundsätze als die bisher üblichen enthielten; Methoden, die sogar eine unterentwickelte Geistigkeit für eine Weiterbildung empfänglich werden ließen. Diese Intuition wurde *meine Idee*, nachdem ich die Schule für geistig zurückgebliebene Kinder verlassen hatte; nach und nach gelangte ich zu der Überzeugung, daß ähnliche Methoden, auf normale Kinder angewandt, deren Persönlichkeit auf eine erstaunliche Weise entwickeln würden.

Damals begann ich ein wirklich gründliches Studium der sogenannten reparativen Pädagogik; danach wollte ich die normale Pädagogik und ihre Grundlagen studieren, also immatrikulierte ich mich als Philosophiestudentin an der Universität. Ich war von einem starken Glauben beseelt: Auch wenn ich nicht wußte, ob ich jemals Gelegenheit haben würde, den Wahrheitsgehalt meiner Idee zu erproben, gab ich trotzdem jede andere Beschäftigung auf, um sie zu vertiefen und

mich sozusagen auf eine unbekannte Mission vorzubereiten.

Die Erziehungsmethoden für geistig zurückgebliebene
Kinder nahmen ihren Anfang zur Zeit der Französischen Revolution durch einen Arzt, dessen medizinische Werke in die Geschichte eingegangen sind, da er
der Begründer des Teilgebietes der Medizin ist, das
heute unter der Bezeichnung Otiatrie (Ohrenheilkun-
de) bekannt ist.

Er unternahm als erster eine methodische Entwicklung
des Gehörsinnes in dem von Pereire gegründeten Pariser Taubstummen-Institut mit dem Erfolg, daß
Schwerhörige anfingen zu hören; später dehnte er
diese Methoden, die schon beim Gehör zu ausgezeich-
neten Ergebnissen geführt hatten, auf alle Sinne aus,
nachdem er acht Jahre lang einen idiotischen Jungen,
den sogenannten Wilden aus dem Aveyron, behandelt
hatte. Itard, ein Schüler Pinels, führte als erster Erzieher die *Beobachtung* der Schüler in der Praxis durch,
und zwar auf ähnliche Weise wie dies in den Spitälern
bei Kranken, besonders Nervenkranken, geschah.

Bei den pädagogischen Arbeiten Itards handelt es sich
um sehr interessante eingehende Beschreibungen pädagogischer Versuche und Erfahrungen; wer sie heute
liest, muß zugeben, daß hier zum erstenmal die Experimentalpädagogik angewandt wurde.

Er hat in der Tat aus dem wissenschaftlichen Studium
eine Reihe von *Übungen* abgeleitet, *die es ermöglichen, die
Persönlichkeit zu verändern,* und zwar durch Heilung

von Defekten, die das Individuum in einem Stadium von Unterlegenheit hielten. In Wirklichkeit gelang es Itard, halbtaube Kinder, die sonst taub und stumm und folglich dauernd anomal geblieben wären, zum Hören und Sprechen zu bringen. Dies ist wirklich grundverschieden vom *einfachen Studium des Individuums* durch experimentalpsychologische *Tests*. Letztere führen nur zur Feststellung der geistigen Persönlichkeit, verändern sie nicht und rühren nicht an die Erziehungsmethoden. Hier jedoch werden die angewandten wissenschaftlichen Mittel zu Maßnahmen, mit deren Hilfe eine Erziehung erfolgt, so daß die Pädagogik selbst sich dadurch verändert.

Itard kann folglich als Begründer der wissenschaftlichen Pädagogik angesehen werden und nicht Wundt oder Binet, die ihrerseits die Begründer einer in den Schulen leicht anwendbaren physiologischen Psychologie sind.

Dies ist ein grundlegender Punkt, der es verdient, klargestellt zu werden. Während der Schweizer Pestalozzi zum »Vater einer neuen Pädagogik des Herzens« wurde, begründeten Fechner und Wundt ein halbes Jahrhundert später die Experimentalpsychologie in Deutschland. Beide Strömungen wuchsen und entwikkelten sich voneinander getrennt in den Schulen. Die akademische Pädagogik entfaltete sich weiterhin auf den alten Grundlagen, während gleichzeitig den Studenten Gelegenheit zu Intelligenz*tests* geboten wurde, die allerdings in keiner Weise die Erziehung beeinflußten. Itards erst kurz davor angestellte Versuche waren jedoch der wirkliche Anfang einer wissenschaftlichen Erziehung, die es ermöglichte, gleichzeitig Methoden und Schüler zu verwandeln. Da sie indessen unter geistig zurückgebliebenen Kindern entstand, wurde sie in Erzieherkreisen nicht ernsthaft erwogen.

Das Verdienst, ein wirkliches und vervollständigtes Erziehungssystem für geistig zurückgebliebene Kinder entwickelt zu haben, gebührt jedoch Édouard Séguin, der zuerst Lehrer, dann Arzt war. Er ging von Itards Versuchen aus, die er unter Abänderung und Vervollständigung der Methode in zehnjähriger Erfahrung bei Kindern anwandte, die vom Irrenhaus in eine kleine Schule der Rue Pigalle in Paris verlegt worden waren. Diese Methode wurde zum erstenmal in einem 1846 in Paris veröffentlichten über 600 Seiten starken Buch unter dem Titel: »*Traitement moral, hygiène et éducation des idiots*« dargelegt.

Später wanderte Séguin in die Vereinigten Staaten von Amerika aus, wo zahlreiche Institute für geistig Zurückgebliebene gegründet wurden und wo er nach weiteren zwanzig Jahren Erfahrung eine zweite Veröffentlichung seiner Methode unter anderem Titel vornahm: »*Idiocy: and its treatment by the physiological method.*« Dieses Buch erschien 1866 in New York. Darin beschrieb Séguin eine Erziehungsmethode, die er die *physiologische Methode* nannte. Im Titel gibt er keinen Hinweis mehr auf eine »Erziehung der Idioten«, als sei sie sozusagen speziell für diese gedacht, sondern

spricht von der durch die »physiologische Methode«
behandelten Idiotie. Wenn wir daran denken, daß die
Psychologie – die Wundt als »physiologische Psychologie« definiert – immer die Grundlage der Pädagogik
war, so muß das Zusammentreffen solcher Begriffe uns
beeindrucken und uns in der physiologischen Methode gewisse Beziehungen zur »physiologischen Psychologie« vermuten lassen.

Während meiner Assistentenzeit in der psychiatrischen Klinik hatte ich mit großem Interesse das Werk
Édouard Séguins in französischer Sprache gelesen.
Aber das zwanzig Jahre später in New York veröffent-
lichte Buch gab es in keiner Bibliothek, obwohl Bourne-
ville es in den Werken für Sondererziehung aufführte.
Ich war sehr erstaunt, es nicht einmal in Paris auftrei-
ben zu können, wo mir Borneville sagte, die Existenz
des zweiten Buches sei zwar bekannt, es sei aber niemals nach Europa gelangt. Ich hoffte jedoch, ein Exemplar davon in London zu finden, aber auch dort
mußte ich mich davon überzeugen, daß das Werk
weder in öffentlichen noch in privaten Bibliotheken
greifbar war. Vergebens machte ich eine Umfrage, bei
der ich viele englische Ärzte aufsuchte, von denen
bekannt war, daß sie sich mit geistig zurückgebliebenen Kindern befaßt hatten oder Sonderschulen leiteten. Die Tatsache, daß dieses Buch, obwohl in englischer Sprache veröffentlicht, auch in England unbe-
kannt war, ließ in mir den Gedanken aufkommen, daß
man das Séguinsche System nicht verstanden hatte.

Tatsächlich wurde der Name Séguin in Veröffent-
lichungen über Institute für geistig Zurückgebliebene
eifrig genannt, doch die beschriebenen erzieherischen *Anwendungen* waren alles andere als ein Befol-
gen des Séguinschen Systems. Fast überall wurden
bei geistig Zurückgebliebenen mehr oder weniger die
für normale Kinder üblichen Methoden angewandt;
so bemerkte eine deutsche Freundin von mir, die sich
nach Deutschland begeben hatte, um mir bei meinen
Nachforschungen behilflich zu sein, daß besonders
dort einiges spezielles Lehrmaterial in den pädagogischen Sammlungen der Schulen für Schwachsinnige
existierte, doch praktisch nie benutzt wurde. Stattdessen vertritt man dort den Grundsatz, es sei
zweckmäßig, die gleichen Methoden für zurückgebliebene wie für normale Kinder anzuwenden. Man
geht jedoch in Deutschland objektiver vor als bei uns
in Italien.

Auch in Bicêtre, wo ich mich lange zum Studium
aufhielt, sah ich, daß eher Lehrmechanismen als das
System von Séguin angewandt wurden; der französi-
sche Text befand sich allerdings in den Händen der
Erzieher. Der gesamte Unterricht war dort mechani-
siert worden, und jeder Lehrer befolgte die Vorschrif-
ten buchstabengetreu. Doch bei allen, sowohl in London wie in Paris, erkannte ich den Wunsch, neue
Ratschläge zu erhalten, neue Erfahrungen kennenzulernen, weil die von Séguin aufgestellte Behauptung,
daß es wirklich möglich sei, mit diesen Methoden

Idioten zu erziehen, praktisch eine Enttäuschung blieb.

Der Grund für diesen Mißerfolg ist leicht zu verstehen. Jeder hielt an der Überzeugung fest, daß geistig zurückgebliebene Kinder letzten Endes wie normale Kinder erzogen werden müssen. Der Gedanke, daß eine »neuartige Erziehung« in der Welt der Pädagogik entstanden war, hatte sich noch nicht durchgesetzt, genausowenig wie der Gedanke, daß eine neuartige Erziehung geistig zurückgebliebene Kinder auf ein höheres Niveau bringen könne. Um so weniger erfaßte man, daß eine Erziehungsmethode, die imstande war, das Niveau von geistig Zurückgebliebenen anzuheben, dies auch bei normalen Kindern bewirken konnte.

Danach setzte ich meine Versuche an geistig zurückgebliebenen Kindern in Rom fort und erzog sie zwei Jahre lang. Ich orientierte mich an Séguins Buch und beherzigte Itards großartige Erfahrungen. Außerdem ließ ich ein besonders reichhaltiges Lehrmaterial erstellen, wobei ich mich auf diese Texte stützte.

Dieses Material, das ich in keinem Institut vollständig vorfand, war ein hervorragendes Instrument in den Händen derer, die es zu benutzen verstanden, doch für sich allein blieb es bei den geistig Zurückgebliebenen unbeachtet. Ich verstand, aus welchen Gründen die Erzieher entmutigt waren und weshalb sie die Methode aufgegeben hatten. Durch das Vorurteil, daß der Erzieher sich auf das Niveau des zu Erziehenden stellen soll, gerät der Lehrer schwachsinniger Kinder in eine Art Apathie: er weiß, daß er minderwertige Menschen erzieht, und deshalb gelingt ihm ihre Erziehung nicht; so glauben die Lehrer kleiner Kinder, diese zu erziehen, wenn sie sich bemühen, sich mit Spielen und häufig auch mit drolligen Reden auf ihre Ebene zu stellen.

Man muß vielmehr verstehen, in der Seele des Kindes den darin schlummernden Menschen anzusprechen.

Ich hatte diese Intuition: und ich glaube, daß nicht das didaktische Material, sondern diese meine Stimme, die sie anrief, die Kinder *weckte* und dazu antrieb, das didaktische Material zu benutzen und sich selbst zu erziehen. Der große Respekt, den ich ihrem harten Schicksal entgegenbrachte, und die Liebe, die diese unglücklichen Kinder in jedem wecken, der ihnen nahekommt, wiesen mir den Weg. Aber auch Séguin äußerte sich ähnlich darüber: Als ich von seinen geduldigen Versuchen las, da verstand ich gut, daß das erste von ihm benutzte didaktische Material geistiger Natur war. Deshalb kommt der Autor, als er am Ende seines französischen Buches einen Blick auf sein Werk wirft, zu dem betrüblichen Schluß, daß es in Vergessenheit geraten wird, wenn keine *Lehrer* ausgebildet werden. Er macht sich einen wirklich originellen Begriff von der Ausbildung der Lehrkräfte für geistig Zurückgebliebene. Seine Ratschläge scheinen für angehende Verführer bestimmt. Er möchte, daß sie selbst und ihre Stimme einen Zauber ausstrahlen und daß sie größte Sorgfalt auf ihr Äußeres legen, um so attraktiv wie möglich zu sein. Sie sollen ihre Gesten und die Modulation ihrer Stimme mit der gleichen Sorgfalt verfeinern wie große Schauspieler, die sich für ihren Auftritt vorbereiten, weil sie müde und zerbrechliche Seelen für die großen Gefühle des Lebens erobern müssen.

Diese Einwirkung auf den Geist, eine Art von *Geheimschlüssel*, eröffnete dann eine lange Reihe von didaktischen Experimenten, die Édouard Séguin großartig analysierte und die sich tatsächlich bei der Erziehung von Idioten als äußerst wirksam erwiesen. Ich erzielte damit erstaunliche Erfolge, muß jedoch bekennen, daß ich unter einer gewissen Erschöpfung litt, während ich meine Kräfte auf Fortschritte des Geistes konzentrierte: Ich spürte, daß ich einiges von der Kraft, die ich besaß, fortgab. Was man als Ermutigung, Trost, Liebe, Achtung bezeichnet, das sind Hebel für die Seele des Menschen, und je eifriger sich jemand in diesem Sinne bemüht, desto nachhaltiger erneuert und stärkt er das Leben um sich herum. Ohne dies bleibt auch der vollkommenste *äußere Anreiz* unbeachtet, so wie die Sonne vor Saul, der ausruft: »Dies? . . . das ist dichter Nebel!«

So konnte ich meinerseits neue Versuche machen, deren Aufzeichnung hier nicht hingehört; erwähnen möchte ich nur, daß ich in jener Zeit eine wirklich originelle Methode zum Lesen und Schreiben erprobte, da dieses Detail in der Erziehung sowohl in Itards wie auch in Séguins Werken ganz unzulänglich und unvollständig behandelt worden war.

Es gelang mir, einigen geistig Zurückgebliebenen aus

dem Irrenhaus Lesen und korrektes Schreiben in Schönschrift beizubringen. Diese Kinder konnten danach in einer öffentlichen Schule zusammen mit normalen Kindern eine Prüfung ablegen, die sie auch bestanden.

Dieses großartige Ergebnis erschien den Beobachtern fast wie ein Wunder. Doch für mich holten die Kinder des Irrenhauses die normalen bei öffentlichen Prüfungen nur deshalb ein, weil ihnen ein anderer Weg gewiesen worden war. Bei ihrer psychischen Entwicklung war ihnen Hilfe zuteil geworden, während die normalen Kinder stattdessen unterdrückt und erniedrigt worden waren. Mir war klar, daß, ließe sich die Sondererziehung, die Idioten auf so erstaunliche Weise vorangebracht hatte, eines Tages auf normale Kinder anwenden, dann wäre es vorbei mit dem Wunder, weil die Kluft zwischen den niedrigeren geistigen Fähigkeiten der Idioten und denen normaler Kinder nie wieder überbrückt werden könnte. Während alle die Fortschritte meiner Idioten bewunderten, machte ich mir Gedanken über die Gründe, aus denen glückliche und gesunde Kinder in den gewöhnlichen Schulen auf so niedrigem Niveau gehalten wurden, daß sie bei Prüfungen der Intelligenz von meinen unglücklichen Schülern eingeholt wurden.

Eines Tages gab mir eine meiner Lehrerinnen im Institut für Schwachsinnige eine Prophezeiung von Ezechiel zu lesen, die sie zutiefst beeindruckt hatte,

weil sie ihr als Prophezeiung für die geistig Zurückgebliebenen erschien:

»In jenen Tagen kam des Herrn Hand über mich; er
führte mich im Geist des Herrn hinaus und ließ mich
mitten in einer Talebene nieder, die angefüllt war mit
Gebeinen. Er ließ mich rings umher an ihnen vorbeigehen, und er sprach zu mir: Menschensohn, werden
sich diese Gebeine wohl wieder beleben? Ich aber
antwortete: ›Gebieter und Herr, du weißt es.‹ Dann
sagte er zu mir: ›Weissage über die Gebeine und rede
sie an: Ihr verdorrten Gebeine, höret das Wort des
Herrn: Siehe, ich lasse Geist in euch kommen, und ihr
werdet lebendig. Ich lege Sehnen um euch und umkleide euch mit Fleisch, ich überziehe euch mit Haut
und bringe Geist in euch, daß ihr lebendig werdet.‹ Ich
weissagte, wie mir befohlen. Da entstand ein Rascheln,
während ich weissagte, und siehe da, es gab ein Rau-
schen, die Gebeine rückten aneinander, Knochen zu
Knochen. Ich schaute, und siehe, Sehnen bildeten sich
an ihnen, Fleisch wuchs empor, und Haut spannte sich
oben darüber, doch Geist war in ihnen noch nicht. Da
sprach er zu mir: ›Weissage zum Geist; weissage Menschensohn! Von den vier Windrichtungen komme, o
Geist, und blase diese Getöteten an!‹ Ich weissagte, wie
er mir befohlen hatte. Da strömte der Geist in sie
hinein, sie wurden wieder lebendig und stellten sich
aufrecht und sagten: ›Unsere Hoffnung ist verdorrt,
wir sind wie abgeschlagene Äste.‹«

Tatsächlich scheinen sich die Worte: »Ich lasse Geist in

euch kommen, daß ihr werdet lebendig« auf das un-
mittelbare, individuelle Werk des Lehrers zu beziehen,
der den Schüler ermuntert, anruft, ihm hilft und ihn
auf die Erziehung vorbereitet.

Und weiter: »Ich lege Sehnen an euch und umkleide
euch mit Fleisch, ich überziehe euch mit Haut« erinnert
an den grundlegenden Satz, der Séguins Methode zu-
sammenfaßt: »Das Kind sozusagen an der Hand führen von der Entwicklung des Muskelsystems zu der des
Nervensystems und der Sinne«, womit Séguin die Idioten lehrt, zu laufen, sich bei den schwierigsten Körper-
bewegungen, wie Treppensteigen, Springen usw., im
Gleichgewicht zu halten und schließlich zu empfinden,
wobei der Weg von der Schulung der Muskel-, Tast-
und Wärmeempfindungen bis zur Schulung der spezi-
fischen Sinne führt. Doch sie wurden einfach dem
vegetativen Leben angepaßt. »Weissage zum Geist«,
sagt die Prophezeiung, »da strömte der Geist in sie
hinein; sie wurden lebendig.« Tatsächlich führt Séguin
den Idioten vom vegetativen Leben auf die Stufe der
Beziehungen »von der Schulung der Sinne zu den
Begriffen, von den Begriffen zu den Gedanken, von
den Gedanken zur Moral«. Doch wenn ein solch be-
wundernswürdiges Werk abgeschlossen ist und der
Idiot dank einer eingehenden physiologischen Analyse und einer allmählichen Verfeinerung der Methode
zum Mensch geworden ist, bleibt er trotzdem immer
ein Minderwertiger unter den übrigen Menschen, ein
Individuum, das sich niemals der sozialen Umwelt

anpassen kann: »Wir sind wie abgeschlagene Äste, unsere Hoffnung ist verdorrt.«

Der Grundsatz, daß der Lehrer sich einer besonderen Vorbereitung unterziehen muß, die sein Gefühl anspricht und nicht nur aus einem verstandesmäßigen Studium besteht; des weiteren der Grundsatz, daß die Erziehung im wesentlichen ein »Seelenkontakt« ist und der Lehrer »Achtung und Sympathie« den Kindern, die er erzieht, entgegenbringen muß, ist Pestalozzis charakteristischer Beitrag für seine Schulen. Nun, dies ist nur ein erster, wesentlicher Schritt, um die Seele des Kindes wieder zu wecken. Danach muß man für die Aktivität des Kindes die (in diesem Falle wissenschaftlichen) Mittel zu seiner Entwicklung finden. Dieser zweite Teil ist der Beitrag der wissenschaftlichen Pädagogik. Und deshalb behaupten wir heute aufgrund unserer Erfahrung, daß der Lehrer der »Bindestrich« zwischen dem – gestörten, verschlafenen und gehemmten – Kind und der für seine Aktivität vorbereiteten erzieherischen Umgebung ist. Sehr oft läßt sich dieser Kontakt zwischen Kind und Umgebung nicht herstellen, wenn das Kind nicht vorweg von der Last einer früheren Hemmung und ihrer fatalen Folgen befreit wird. In solch einem Fall muß ein Gesundungs- oder, wie wir sagen, ein Normalisierungsprozeß in Angriff genommen werden, bevor sich dem Kind Entwicklungsmöglichkeiten geben lassen. Viele unserer Lehrkräfte wurden wegen ihres Mißerfolges schwer enttäuscht, weil sie ihre Arbeit so begannen, als sei dieser Prozeß bereits erfolgt, und die Notwendigkeit eines solchen Schrittes übersahen.

Auch deshalb wurde die mühselige Séguinsche Methode beiseite geschoben: Die ungeheuere Vergeudung von Mitteln rechtfertigte das erzielte winzige Ergebnis nicht.

Alle wiederholten: Für normale Kinder blieb noch viel zuviel zu tun.

Da die Erfahrung mir Vertrauen in die Séguinsche Methode eingeflößt hatte, begann ich nach Abbruch meiner aktiven Tätigkeit bei den Schwachsinnigen erneut Itards und Séguins Werke zu studieren. Ich empfand das Bedürfnis, darüber nachzudenken. So tat ich etwas, was ich noch nie getan hatte und was mir kaum einer nachmachen konnte: Ich schrieb vom ersten bis zum letzten Wort die Werke dieser Autoren mit der Hand fein säuberlich auf italienisch nieder, fertigte also sozusagen Bücher in ähnlicher Weise an wie vor der Erfindung der Buchdruckerkunst: in Schönschrift, um Zeit zu haben, den Sinn jedes einzelnen Wortes abzuwägen und herauszulesen, was der Verfasser damit sagen wollte. Ich stand kurz vor der Vollendung der 600 Seiten des französischen Werkes von Séguin, als ich aus New York ein Exemplar der zweiten Auflage, also des 1866 in englischer Sprache veröffentlichten Buches erhielt: es befand sich unter den aussortierten Bänden aus der Bibliothek eines New Yorker Arztes, und der Herr, der es mir schickte, hatte keine Schwierigkeit, es für mich zu erhalten. Ich übersetzte es zusammen mit einer Engländerin. Dieser Band enthielt keinen wesentlichen Beitrag über spätere pädagogische Versuche, es handelte sich vielmehr um die *Reflexion* der im ersten Band erörterten Versuche. Der Mann, der dreißig Jahre lang Forschungen an anomalen Kindern betrieben hatte, trug den Gedanken vor, daß die *physiologische Methode* – also eine Methode auf der Grundlage eines individuellen Studiums des Schülers und einer Analyse der im Verlauf der Erziehung auftretenden psychologischen Phänomene – auch für normale Kinder aufkommen mußte und somit die Regeneration der gesamten Menschheit ankündigte. Die Stimme Séguins erschien mir wie die des Rufers in der Wüste, und in Gedanken erfaßte ich die ungeheure Bedeutung eines Werkes, das Schule und Erziehung hätte reformieren können.

Zu jener Zeit war ich an der Universität als Philosophiestudentin immatrikuliert und hörte Vorlesungen über Experimentalpsychologie, die damals gerade an den italienischen Universitäten, und zwar in Turin, Rom und Neapel, aufgenommen worden waren. Gleichzeitig stellte ich in Grundschulen einige Nachforschungen über pädagogische Anthropologie an und benutzte die Gelegenheit zum Studium der für die Erziehung normaler Kinder gebräuchlichen Methoden und Schuleinrichtungen; dies verhalf mir zu einem Lehrauftrag für pädagogische Anthropologie an der Universität Rom.

So sah also meine Vorbereitung aus. Verstandesmäßig
hatte ich eine Beziehung zu den Problemen meiner
Zeit, und so fand ich allmählich meinen Weg zu neuen
Zielen, die sich auf dem Gebiet der Psychiatrie zeigten.
Ich begriff, was andere nicht begriffen, nämlich daß die
wissenschaftliche Erziehung nicht auf dem Studium
und den Meßergebnissen des zu erziehenden Menschen beruht, sondern eine fortlaufende Behandlung
voraussetzt, die ihn verändern kann. Also war Itards
Erziehung wissenschaftlich, weil die Messung des Gehörs nur ein Mittel war, um fast Taube in Menschen zu
verwandeln, die hören konnten. Im Falle des »Wilden
aus dem Aveyron« war es gelungen, durch wissenschaftliche Methoden, die denen der Begründer der
Experimentalpsychologie sehr nahe kamen, einen
Menschen, der einen so großen Abstand von der Gesellschaft hatte, daß er als idiotisch und außerdem als
taubstumm galt, wieder in die Gesellschaft einzuglie-
dern und aus ihm einen Menschen zu machen, der die
Sprache so hörte und verstand, wie wir sie sprechen
und schreiben.

In gleicher Weise studierte Séguin mit analytischen
Methoden, die denen Fechners sehr ähnelten, allerdings umfassender waren, nicht nur Hunderte von
Kindern im Pariser Irrenhaus, sondern formte sie außerdem zu menschlichen Wesen, die fähig waren, sich
in einer Gemeinschaft zu betätigen und eine geistige
und künstlerische Erziehung zu verarbeiten.

Allein unter Anwendung des sogenannten Studiums

des Individuums hatte ich selbst mit Hilfe wissen-
schaftlicher Instrumente und Tests die aus unseren
Schulen ausgeschlossenen, weil zur Erziehung untauglichen geistig Zurückgebliebenen in Menschen
verwandelt, die in der Schule dem Vergleich mit normalen Schülern standhalten konnten. Das heißt, aus
ihnen waren für die Gesellschaft nützliche und als
intelligente Wesen erzogene Menschen geworden. Die
wissenschaftliche Erziehung hatte also auf rein wissen-
schaftlicher Grundlage das Individuum verändert und
verbessert.

Die von objektiver Forschung auf pädagogischer
Grundlage abhängige wissenschaftliche Erziehung
wäre also in der Lage, normale Kinder zu verwandeln.
Wie? Sicherlich, indem sie diese Kinder über das normale Niveau hinaushebt und *zu besseren Menschen
macht.* Eine Erziehungswissenschaft hat nicht nur die
Aufgabe, zu »beobachten«, sie muß die Kinder auch
»verwandeln«.

Ich kam zu nachstehenden Schlußfolgerungen: nicht
nur beobachten, sondern auch verwandeln. Die Beobachtung hatte eine neue psychologische Wissenschaft
begründet, doch sie hatte weder Schulen noch Schüler
verwandelt. Sie hatte den gewöhnlichen Schulen einiges gebracht, sie jedoch in ihrem ursprünglichen Zustand belassen, da weder Unterrichts- noch Lehrme-
thoden geändert worden waren.

Die neuen Methoden müßten, wollten sie sich nach
wissenschaftlichen Gesichtspunkten richten, *die Schule*

und ihre Methoden vollkommen ändern und somit eine neue Erziehungsform ins Leben rufen.

Der entscheidende Punkt bei der wissenschaftlichen Erziehung geistig Zurückgebliebener bestand darin, daß Idioten und Individuen unterhalb des normalen Niveaus auf den üblichen Unterricht nicht ansprachen und Anordnungen nicht ausführen konnten; deshalb mußte zu anderen Mitteln gegriffen werden, die sich den Fähigkeiten jedes einzelnen anpassen ließen.

Über eine derartige Erziehung waren Forschungen angestellt worden. Es handelte sich dabei um ein wissenschaftliches Experiment, einen Versuch, die dem Schüler eigenen Möglichkeiten zu untersuchen und ihm die Mittel und Anregungen zu geben, die ihm verbliebene Energie, ganz gleich welcher Art, zu wecken, um sie dauernd zu nutzen, zu steigern und durch individuelle Übung zu koordinieren.

Vor einem Tauben oder einem Idioten ist der Lehrer genauso hilflos wie vor einem Neugeborenen. Nur die Experimentalwissenschaft kann den Weg zu einer neuen praktischen Erziehung weisen.

Mein Wunsch war es, die mit so großem Erfolg von Séguin ausgearbeiteten Methoden an Kindern der ersten Grundschulklassen zu erproben, wenn sie im Alter von 6 Jahren als undisziplinierte Analphabeten zur Schule angemeldet wurden.

Ich hatte jedoch nie daran gedacht, diese Methoden in Kindergärten anzuwenden. Ein Zufall gab mir die

Erleuchtung. Im allgemeinen erschlaffen unsere geistigen Fähigkeiten durch Gewohnheiten und Vorurteile.
Es war vielleicht logisch, die Methoden für geistig
Zurückgebliebene auf kleine Kinder anzuwenden,
wenn man diese ebenfalls als nicht erziehbare, dem
Unterricht unzugängliche Wesen ansah, da ihr Geist
noch nicht den erforderlichen Reifegrad erreicht hatte.
Es ist mir nicht möglich, Vergleiche zwischen geistig
zurückgebliebenen und normalen Kindern anzustellen, wenn es sich um Kinder verschiedenen Alters
handelt; also vergleichen wir diejenigen, die keine
Entwicklungsmöglichkeiten haben (Anormale) mit denen, die nicht die Zeit hatten, sich zu entwickeln (ganz
kleine Kinder). Zurückgebliebene Kinder werden, geistig gesehen, wie Kinder betrachtet, die in ihrer geistigen Entwicklung einige Jahre jüngeren, normalen Kindern sehr ähnlich sind. Trotz der Tatsache, daß bei
einem solchen Vergleich die angeborene Initialkraft in
den verschiedenen Entwicklungsstufen beider Natu-
ren nicht berücksichtigt wird, ist der Vergleich doch
nicht unlogisch.
Die kleinen Kinder haben noch keine endgültige Koor-
dinierung der Muskelbewegungen erreicht, daher ihr
unsicherer Schritt, ihre Unfähigkeit, die üblichen
Dinge des täglichen Lebens zu tun wie Anziehen von
Kleidern und Strümpfen, Schnüren, Knöpfen, Hand-
schuhe überstreifen usw. Die Sinnesorgane, wie zum
Beispiel die Anpassung des Auges, sind noch nicht voll
entwickelt. Die Sprache ist rudimentär und enthüllt die

allgemein bekannten Fehler der kindlichen Ausdrucks-
weise. Die Schwierigkeit, sich zu konzentrieren, die
Unbeständigkeit usw. sind weitere Merkmale dieser
Art.

Preyer hat in seinen Studien über Kinderpsychologie
ausführlich den Vergleich zwischen pathologischen
und normalen Sprachfehlern bei einem in der Entwicklung befindlichen Kind erläutert.

Methoden, die wirksam die geistige Entwicklung zurückgebliebener Kinder fördern, könnten dazu dienen,
die Entwicklung aller Kinder zu fördern und somit
einen gesunden Unterricht für jedes normale Wesen
bilden.

Viele Fehler, die auf die Dauer bleiben, wie zum Beispiel Sprachfehler, eignet sich das Kind an, weil wir es
in der wichtigsten Zeit seines Lebens, in der sich seine
Hauptfunktionen ausbilden und festigen, also zwischen 3 und 6 Jahren, vernachlässigen.

Dieser ehrgeizige Gedanke, mit wissenschaftlichen Erziehungsmethoden die wahre Entwicklung des Menschen während der Zeit seines Lebens, in der sich
Verstand und Charakter heranbilden, zu unterstützen,
war mir trotz meines großen Interesses für dieses Problem überhaupt nicht gekommen.

Deshalb wurde die Geschichte dieser Art »psychologi-
scher Entdeckung« und dieser wissenschaftlichen Erziehungsmethode interessant.

Der Zufall spielte mit wie bei vielen Entdeckungen,
einschließlich der Elektrizität. Tatsächlich hat der Zu-

fall, also die Umstände, fast immer den Funken für die Intuition zu bieten; die Umstände geben den Blick frei auf das Neue, und danach können Intuition und das geweckte Interesse neue Wege für den Fortschritt öffnen.

In meinem Fall ist die Geschichte deshalb interessant, weil sie unabhängig von Studium und von Vorurteilen einen Komplex von Situationen bot, bei denen nicht nur die Kindererziehung, sondern auch das Leben in der Gesellschaft und die menschlichen Gefühle vollkommen übereinstimmten.

Geschichte der Entdeckung
einer wissenschaftlichen Erziehung
für normale Kinder

Es war Ende 1906. Ich kam aus Mailand zurück. Man hatte mich dort zur Preisverteilung auf der Weltausstellung in der Abteilung wissenschaftliche Pädagogik und Experimentalpsychologie hinzugezogen. Der Generaldirektor des »Istituto dei Beni Stabili di Roma« bot mir an, die Gestaltung von Kindergärten zu übernehmen, die in Häusern mit Sozialwohnungen errichtet werden sollten.

Die großartige Idee bestand darin, einen Stadtteil voll von Flüchtlingen und armen Leuten neu zu gestalten, wie das Viertel San Lorenzo in Rom, wo etwa 30000 Einwohner auf engem Raum zusammengedrängt lebten, unter Bedingungen, die jeglicher öffentlicher Kontrolle entzogen waren. Es gab dort Arbeitslose, Bettler, Prostituierte, frisch aus dem Gefängnis entlassene Strafgefangene. Sie alle hatten Zuflucht zwischen den Mauern von Häusern gesucht, die wegen der Wirtschaftskrise nicht fertiggestellt worden waren, da fast im ganzen Viertel die Bautätigkeit zum Erliegen gekommen war. Der von Ingenieur Talamo stammende Plan sah das Aufkaufen all dieser Mauern, dieser Häuserskelette und ihren allmählichen Ausbau zu festen Wohnungen für das Volk vor. Dieser Plan wurde mit der einfach grandiosen Idee verknüpft, alle Kinder, die noch nicht im schulpflichtigen Alter waren (von 3 bis 6 Jahren), in einer Art »Schule im Haus« unterzubringen.

Jedes dieser Häuser mit Sozialwohnungen sollte seine eigene Schule besitzen, und da das Institut bereits über mehr als 400 solcher Häuser in Rom verfügte, bot diese Arbeit großartige Entwicklungsmöglichkeiten. Die erste Schule sollte im Janur 1907 eröffnet werden, und zwar in einem großen Sozialhaus des Viertels San Lorenzo. In demselben Stadtteil besaß das Institut schon 58 Gebäude, und der Plan des Direktors sah die Eröffnung von 16 Schulen in diesen Wohnhäusern vor. Dieser besondere Schultyp erhielt den entzückenden Namen »Casa dei Bambini« (Kinderhaus). Das erste wurde unter dieser Bezeichnung am 6. Januar 1907 in der Via dei Marsi 53 eröffnet. Man vertraute mir seine Leitung an. Die soziale und pädagogische Bedeutung einer solchen Einrichtung wurde mir in ihrem ganzen Umfang bewußt, und ich ließ mich nicht davon abbringen, daß sie einer triumphalen Zukunft entgegenging, was damals eine übertriebene Vision zu sein schien. Heute beginnen viele zu erkennnen, daß ich die Wahrheit voraussah.

Am 6. Januar wird in Italien das Fest der Kinder gefeiert, das dem Epiphaniefest des katholischen Kalenders entspricht. Es ist genauso wie Weihnachten mit dem

Christbaum in evangelischen Ländern, wo die Kinder Geschenke und Spielsachen bekommen. Am 6. Januar wurde die erste Gruppe von über 50 kleinen Kindern zusammengestellt. Es war interessant, diese kleinen Wesen zu sehen, die sich so stark von denen unterschieden, welche die üblichen schulgeldfreien Schulen besuchten. Sie waren schüchtern und unbeholfen, sahen dumm und unzurechnungsfähig aus. Sie waren nicht in der Lage, in einer Reihe hintereinander zu gehen, und die Lehrerin ließ jedes Kind den Schürzenzipfel des vor ihm laufenden packen, so daß sie sich wie im Gänsemarsch fortbewegten.

Sie weinten, und alles schien ihnen Angst einzuflößen – die Schönheit der anwesenden Damen, der Baum und die daran hängenden Dinge. Weder nahmen sie die Geschenke, noch probierten sie die Süßigkeiten, noch antworteten sie auf Fragen. Sie waren wirklich wie eine Gruppe wilder Kinder. Gewiß, sie hatten nicht wie der Wilde aus dem Aveyron in einem Wald unter Tieren gelebt, aber in einem Wald verlorener Menschen, außerhalb der Grenzen der zivilisierten Gesellschaft. Beim Anblick dieses ergreifenden Schauspiels meinten viele Damen, daß diese Kinder sich nur durch ein Wunder erziehen lassen würden und daß sie sie gerne nach ein oder zwei Jahren wiedersehen würden. Ich wurde um eine Ansprache gebeten, doch da ich nicht auf die strukturellen und wirtschaftlichen Einzelheiten des Unternehmens eingehen konnte, nahm ich ganz allgemein auf das hier begonnene Werk Bezug und las den Teil einer Weissagung zu dem von der katholischen Kirche am 6. Januar begangenen Epiphaniefest, dem Tag, der für die Eröffnung des Kinderhauses gewählt worden war.

Isaias, Kapitel 60: »Auf, werde hell, denn dein Licht ist da, die Herrlichkeit des Herrn strahlt über dir auf.

Denn sehet, die Erde bedeckt Finsternis und Wolkendunkel die Völker, doch über dir strahlt der Herr, und seine Herrlichkeit wird über dir sichtbar.

Völker wallen zu deinem Lichte und Könige zu deinem strahlenden Lichtglanz.

Erhebe deine Augen ringsum und schau: sie alle haben sich versammelt und kommen zu dir; deine Söhne kommen von ferne, und deine Töchter erheben sich von allen Seiten.

Dann wirst du schauen und strahlen, dein Herz wird sich weiten, denn die Fülle des Meeres und der Reichtum der Völker werden zu dir kommen.«

»Vielleicht« fuhr ich zum Abschluß fort, »kann dieses Kinderhaus ein neues Jerusalem werden und dadurch Licht in die Erziehung bringen, daß weitere Häuser dieser Art unter den Entrechteten vermehrt entstehen.«

Die Tageszeitungen kritisierten diese Worte auf ein so bescheidenes Unternehmen gemünzt als übertrieben.

Ein Jahr später, als ein weiteres Sozialhaus mit angeschlossenem Kinderhaus eröffnet wurde, hielt das Istituto dei Beni Stabili eine Eröffnungsansprache für angezeigt, die der italienischen Öffentlichkeit eine klare

Vorstellung vom Wesen dieses Versuches und von der Bedeutung einer wahren Reform sowie ihrer wirtschaftlichen und sozialen Motive geben sollte.

Diese Ansprache ist ein bemerkenswertes Zeugnis für den Bürgersinn, mit dem das Problem des Hauses und der Kinderfürsorge in nunmehr schon weit zurückliegenden Jahren im Elendsviertel San Lorenzo angepackt wurde. Es war entstanden aufgrund der Bevölkerungsverschiebung als Folge der italienischen Unabhängigkeitskriege und des Massenzustroms nach Rom, der Hauptstadt des neuen Königreiches.

Zur Bedeutung meines ersten Lehrversuches, den ich zwei Jahre lang in den Kinderhäusern duchführte, wäre folgendes zu sagen: Er stellt die Ergebnisse einer Reihe von Versuchen dar, die ich bei der Erziehung kleiner Kinder nach den neuen Methoden unternahm. Es handelte sich dabei gewiß nicht einfach um die Anwendung der Séguinschen Methoden in Kindergärten, das ergibt sich schon beim Nachlesen seiner Werke. Richtig ist allerdings, daß die Versuche dieser beiden Jahre auf einer experimentellen Grundlage beruhen, die auf die Zeit der Französischen Revolution zurückgeht und die Summe der Mühen darstellt, die Séguin und Itard ihr ganzes Leben auf sich genommen haben. Was mich betrifft, so griff ich 30 Jahre nach dem zweiten Buch von Séguin dessen Ideen und – ich wage dies zu behaupten – dessen Werk mit der gleichen unverbrauchten Begeisterung neu auf, mit der er die Ideen und Werke seines Meisters Itard übernommen

hatte und dem er wie ein Sohn bei seinem Tode bei-
stand. Zehn Jahre lang experimentierte ich in der Praxis und machte mir Gedanken über das Werk dieser
hervorragenden Männer, die sich aufgeopfert und der
Menschheit den Beweis für ihr stilles Heldentum hin-
terlassen hatten. Meine zehn Studienjahre können der
vierzigjährigen Arbeit von Itard und Séguin zugerech-
net werden. So waren schon 50 Jahre, über mehr als ein
Jahrhundert verteilt, mit aktiver Vorbereitung vergan-
gen, bevor dieser scheinbar kurze und nur zwei Jahre
dauernde Versuch unternommen wurde. Ich glaube
mich nicht zu täuschen, wenn ich sage, daß dieser
Versuch die Arbeit dreier Ärzte darstellt, die, von Itard
bis zu mir, die ersten Schritte auf dem Wege zur
Psychiatrie gingen.

Analyse der Bedingungen
beim ersten Experiment
Geschichte seiner ersten Verbreitung

Das Milieu, in dem die ersten »Kinderhäuser« entstanden, muß für die Erziehung ganz besonders günstig gewesen sein, denn der in jenen ersten Jahren mit diesen Kindern erzielte Erfolg einer erstaunlichen Verwandlung wurde nie wieder erreicht.

Deshalb lohnt es sich, die einzelnen Elemente dieses Experimentes zu analysieren.

Vor allem muß sich unter den Einwohnern und den Familien der Kinder ein bis dahin unbekanntes Gefühl von Frieden und Behagen, von Sauberkeit und Zusammengehörigkeit gebildet haben. Hinzu kommt, daß die dort lebenden Leute, moralisch gesehen, eine Auswahl darstellten. Sie waren arm und ehrlich, ohne Beruf und lebten tagaus tagein von Gelegenheitsarbeit: Gepäckträger, Wäscherinnen, Sammler von Blumen (wie Veilchen) auf den Feldern. Sie hatten unter rohen und unmoralischen Menschen in derselben Umgebung gelebt. Diese in die neuerrichteten Häuser aufgenommenen elenden Menschen waren ausnahmslos Analphabeten.

Die Kinder lebten in einer Art Paradies, das für alle

gleich war. Die Unwissenheit der Eltern verschloß den Weg zu jedem möglichen bildenden Einfluß innerhalb der Familie; es bestand nicht der geringste Kontrast zu dem, was den Kindern durch die Erziehung in der Schule gegeben wurde. Die als Lehrerin fungierende Frau war keine wirkliche Lehrkraft, sondern stand auf einem sehr relativen Bildungsniveau. Sie kümmerte sich um Hausarbeiten und half bei der Feldarbeit, die ihrer Familie den Lebensunterhalt gab. Diese Lehrerin machte sich weder Gedanken über Erziehung, noch hatte sie schulische Grundsätze; sie war keiner Behörde gegenüber verantwortlich und auch nicht der Kritik irgendwelcher Schulinspektoren unterworfen. Tagsüber ließen Vater und Mutter die Kinder allein, um auf Arbeitssuche zu gehen.

Diese Bedingungen, die sich dem Erfolg einer Schule völlig entgegenzustellen schienen, hatten, ich möchte so sagen, absolut keine Bedeutung, was den Einfluß der Erziehung betrifft.

Das wissenschaftliche Vorgehen in der Schule wirkte sich voll aus, weil es keine Hindernisse gab: Dies war ein bemerkenswerter Beitrag zum erfolgreichen Verlauf eines Versuches, der sich von anderen Vorstellungen entfernt hatte und in einem psychologischen Labor, zu dem das »Kinderhaus« geworden war, stattfand.

Es zeigten sich hier erstaunliche Tatsachen, wie »die unverhofften Äußerungen spontanen Schreibens und Lesens«, »die spontane Disziplin«, »das freie Leben in der Gesellschaft«, Tatsachen, die Neugierde hervorriefen und in der Welt Interesse weckten.

Gerade diese Gruppe grobschlächtiger und halbwilder Kinder wurde zum bekannten Mittelpunkt des Interesses. Deshalb pilgerten Besucher aus allen Teilen der Welt, besonders aus den Vereinigten Staaten von Amerika, in das Mekka der Erziehung.

Wegen dieses Anziehungspunktes wurde das Viertel San Lorenzo von Monarchen, Ministern, Wissenschaftlern, Aristokraten aufgesucht, die alle diese prächtigen Kinder aus der Nähe sehen wollten. Von diesem Zentrum aus verbreiteten sich die »Kinderhäuser« in der ganzen Welt.

Nach der Einweihung des ersten »Kinderhauses« am 6. Januar eröffnete das Istituto dei Beni Stabili weitere Häuser in renovierten Gebäuden am 7. April, also wenige Monate später. Am 18. Oktober wurde unter der Leitung von Fräulein Anna Maria Maccheroni das »Kinderhaus« in der *Umanitaria* in Mailand eingeweiht, der größten italienischen Sozialeinrichtung, die sozialistische Juden zur Hebung des Niveaus des Volkes gegründet hatten. Dieses Zentrum setzte sich zusammen aus Muster-Siedlungen für Arbeiter, war aber gleichzeitig ein Propaganda-Zentrum, in dem – und dies verdient in Erinnerung gebracht zu werden – ein damals unbekannter und scharfer Journalist tätig war, dessen Name in der ganzen Welt berühmt und verhängnisvoll werden sollte: Benito Mussolini.

Die *Umanitaria* schuf eine umfangreiche Bewegung.

Sie übernahm die Herstellung des Materials, das heißt der von mir für das erste »Kinderhaus« angegebenen wissenschaftlichen Hilfsmittel.

Später eröffnete das Istituto dei Beni Stabili in verschiedenen Teilen Roms Schulen in Mietshäusern, diesmal für den Mittelstand, der ebenfalls um das Privileg gebeten hatte, für seine Kinder ein »Kinderhaus« zu erhalten. Dann wurde das erste »Kinderhaus« für die Aristokratie erstellt, das der englische Botschafter in Rom einweihte und das Kinder der oberen Gesellschaftsschichten aufnahm.

Nach einem verheerenden Erdbeben, das die Stadt Messina auf Sizilien zerstörte, wurden sechzig aus den Trümmern geborgene Kinder in Rom aufgenommen. Für diese Gruppe unbekannter, von der schrecklichen Naturkatastrophe benommener und verstörter Waisenkinder wurde das von Franziskanerinnen, Missionarinnen von Maria geleitete »Kinderhaus« in der Via Giusti gegründet. Dieses Haus erlangte Berühmtheit wegen der Verwandlung, die in diesen kleinen Kindern vorging, denen die Lebensfreude wiedergegeben wurde. Es inspirierte zu Romanen und Gedichten wie »A Montessori Mother« der Amerikanerin Dorothy Canfield-Fisher. In verschiedenen Orten wurden »Kinderhäuser« eröffnet, nachdem Baron und Baronin Franchetti einen ersten Schulungskurs für Lehrkräfte ermöglicht hatten, der zur Schulung italienischer Lehrkräfte für ländliche Schulen gedacht war. Aber in dessen erster Sitzung versammelten sich Lehrkräfte aus 9 europäischen Ländern. Dann wurde 1913, kurz vor Ausbruch des ersten Weltkrieges, durch amerikanische Initiative ein erster internationaler Kurs in Rom durchgeführt, den Teilnehmer aus Europa, Amerika, Afrika und Indien besuchten.

Die wissenschaftliche Pädagogik für Kinder war entstanden; sie verfolgte den kühnen Vorsatz, die Erziehung umzugestalten.

Die »Kinderhäuer« breiteten sich rasch in der ganzen Welt aus, trotz der durch Krieg und Vorurteile hervorgerufenen Schwierigkeiten. Während des Zweiten Weltkrieges haben sich die »Kinderhäuser« in Indien stark vermehrt.

Die Geschichte dieser Bewegung beweist uns, daß die gleiche Erziehung mit entsprechender Anpassung in allen Gesellschaftsklassen und bei allen Rassen möglich ist, ganz gleich, ob es sich um glückliche Kinder oder um solche handelt, die durch ein verheerendes Erdbeben verschreckt wurden. Das Kind ist die in unserer Zeit sichtbar werdende treibende Kraft, die den Menschen im Dunkeln neue Hoffnung bringt.

Das »Kinderhaus« ist von doppelter Bedeutung: seine soziale Bedeutung liegt in der »Schule im Haus«; seine rein erzieherische hängt von der Anwendung der von mir erprobten Methode ab.

Als die Völker unmittelbar angehender Kulturfaktor ist das »Kinderhaus« wohl eine nähere Erläuterung wert.

Es löst tatsächlich zahlreiche, utopisch erschienene soziale und erzieherische Probleme und ist als Teil der modernen Umwandlung des Heimes zu betrachten; es berührt also unmittelbar den wichtigsten Punkt der sozialen Fragen, nämlich den intimen Lebensbereich der Menschen.

Frühe Kindheit

Das Neugeborene muß demzufolge auf psychischem Gebiet eine formative Tätigkeit entwickeln, die an die embryonale Periode des Körpers erinnert. Seine Lebensperiode entspricht nicht mehr der des physischen Embryos, noch ähnelt sie der des von ihm gebildeten Menschen. Diese postnatale Periode, die man als »formative Periode« bezeichnen kann, ist eine embryologisch aufbauende Lebensperiode, die das Kind einen geistigen Embryo sein läßt.

Somit durchläuft der Mensch zwei embryonale Perioden: eine ist pränatal und ähnelt der der Tiere – und die andere ist postnatal und tritt nur beim Menschen auf. Dadurch erklärt sich das Phänomen, das den Menschen vom Tier unterscheidet: die lange Kindheit.

Durch diese wird eine klare Trennung zwischen den Tieren und dem Menschen erkennbar. Der Mensch erscheint auf der Erde als ein gesondertes Wesen, dessen Funktionen weder Fortführungen noch Ableitungen jener sind, die bei den höheren Tieren auftraten. Es ist ein Sprung im Leben: der Beginn neuer Schicksale.

Ihre Unterschiede und nicht ihre Ähnlichkeiten erlauben es, die Arten zu unterscheiden. Die neuen Arten müssen *etwas Neues* aufweisen. Sie können nicht einfach von den alten abstammen: sie präsentieren sich original und bringen Eigenschaften hervor, die zuvor nicht existierten. Das Werk ist ursprünglich und schöpferisch und mit neuen Lebensimpulsen ausgestattet.

So brachten die Säugetiere und die Vögel bei ihrem Erscheinen *Neues* und waren nicht Kopien, Anpassungen oder Fortführungen vorheriger Wesen. Das Neue, das beim Verschwinden der Dinosaurier auftrat, war bei den Vögeln die leidenschaftliche Verteidigung ihrer Eier, das Erbauen von Nestern, das Beschützen der Jungen und der Mut, sie zu verteidigen, während die gefühllosen Reptilien ihre Eier verließen. Die Säugetiere übertrafen die Vögel in der Beschützung ihrer Art: sie bauten keine Nester, sondern ließen die neuen Wesen sich im eigenen Körper entwickeln und nährten sie mit dem eigenen Blut.

Das waren neue Eigenschaften.

So ist die neue Eigenschaft des menschlichen Wesens folgende: es hat ein doppeltes embryonales Leben, *einen neuen Entwurf*, und den anderen Lebewesen gegenüber eine *neue Bestimmung*.

Diesen Punkt müssen wir vertiefen, und von hier aus müssen wir das Studium der gesamten psychischen Entwicklung des Kindes und des Menschen beginnen. Wenn das Werk des Menschen auf dieser Erde mit seinem Geist, seiner schöpferischen Intelligenz verbunden ist, müssen Geist und Intelligenz den Mittelpunkt der individuellen Existenz und aller Funktionen des Körpers bilden. Um diesen Punkt gestaltet sich sein Verhalten und auch die Physiologie seiner

Organe. Der gesamte Mensch entwickelt sich innerhalb eines geistigen Raumes.

Auch in der westlichen Welt beginnen wir uns heute
diesem besonders klaren Begriff in der indischen Philosophie zu nähern. Aufgrund praktischer Erfahrungen entdecken wir physiologische Störungen, die psychische Ursachen haben, da der Geist sie nicht beherrscht.

Wenn der Mensch von einem »geistigen Raum, der ihn
umfaßt«, gehalten wird und von ihm abhängt und
wenn daraus die Gestaltung seines individuellen Verhaltens entspringt, muß die primäre Sorge besonders
dem psychischen Leben des Neugeborenen und nicht
nur dem körperlichen gelten, wie es heute noch geschieht.

Das Kind – Mittel zur Anpassung

Das Kind erwirbt im Laufe seiner Entwicklung nicht nur die menschlichen Fähigkeiten, die Kraft, die Intelligenz, die Sprache; es paßt gleichzeitig auch das Wesen, das es aufbaut, den Umweltbedingungen an. Dazu wird es durch seine besondere psychische Form befähigt, denn die psychische Form des Kindes unterscheidet sich von der des Erwachsenen. Das Kind steht mit der Umwelt in einer anderen Verbindung als wir. Die Erwachsenen bewundern die Umwelt, können sich an sie erinnern, aber das Kind absorbiert sie. Es erinnert sich nicht an die Dinge, die es sieht, aber diese Dinge werden Teil seiner Psyche. Es inkarniert die Dinge, die es hört und sieht. Während sich bei uns Erwachsenen nichts ändert, finden beim Kind Veränderungen statt. Wir Erwachsenen nehmen die Umwelt nur in unser Gedächtnis auf, während sich das Kind an die Umwelt anpaßt. Diese besondere Form vitalen Gedächtnisses, das sich nicht bewußt erinnert, sondern das Bild in das Leben des Individuums absorbiert, erhielt von Percy Nunn einen besonderen Namen: »Mneme«.

Wie wir bereits gesehen haben, ist die Sprache ein Beispiel dafür. Das Kind erinnert sich nicht an die Laute, sondern es inkarniert sie und spricht sie dann perfekt aus. Es beherrscht die Sprache mit all ihren komplizierten Regeln und Ausnahmen nicht, weil es die Sprache gelernt hat, auch nicht aufgrund gewöhnlicher Gedächtnisübungen. Vielleicht behält sein Gedächtnis die Sprache nie bewußt, und doch bildet sie einen Teil seiner Psyche und seiner selbst. Zweifellos ist das ein Vorgang, der sich von der reinen mnemischen Aktivität unterscheidet. Es handelt sich um eine psychische Eigenschaft, die einen der Aspekte der psychischen Personalität des Kindes bezeichnet. Im Kinde besteht für alles, was es umgibt, eine absorbierende Sensitivität – und nur durch das Beobachten und Absorbieren der Umwelt ist die Anpassung möglich: Diese Form der Aktivität offenbart eine unbewußte Kraft, die nur dem Kinde zu eigen ist.

Die erste Lebensperiode ist die der *Anpassung*. Es muß hier klargestellt werden, was Anpassung in diesem Fall bedeutet, und sie muß vom Begriff der Anpassung beim Erwachsenen unterschieden werden. Das biologische Anpassungsvermögen des Kindes macht für das Kind seinen Geburtsort zu dem einzigen Ort, wo es zu leben wünscht, so wie die Muttersprache als einzige Sprache gut gesprochen wird. Ein Erwachsener, der in ein fremdes Land geht, wird sich nie in gleicher Weise eingewöhnen wie ein Kind. Nehmen wir zum Beispiel Menschen wie die Missionare, die freiwillig in fremde Länder gehen. Sie erfüllen dort aus freiem Willen ihre Aufgabe, aber wenn man mit ihnen spricht, werden sie sagen: »Wir opfern unser Leben, indem wir es in diesem Land verbringen.« Das ist ein Geständnis für das begrenzte Anpassungsvermögen der Erwachsenen.

Kommen wir zurück zum Kind. Das Kind wird jeden Ort lieben, wo es geboren ist. Wie hart das Leben in seinem Geburtsort sein mag, es wird anderswo nie gleich glücklich sein. Der Mensch, der die vereisten Ebenen Finnlands, und der Mensch, der die Dünen Hollands liebt, hat diese Liebe zu seiner Heimat von dem Kind erhalten, das er selbst einmal war.

Das Kind verwirklicht diese Anpassung, und der Erwachsene findet sich schon angepaßt, das heißt, er fühlt sich seinem Lande zugehörig, liebt es und verspürt seine Reize so, daß er anderswo weder Glück noch Frieden findet.

In Italien war es früher so, daß Leute, die in einem Dorf geboren wurden, dort lebten und starben, ohne es jemals verlassen zu haben. Später, nach der Vereinigung Italiens, verließen Menschen aus Heirats- oder Arbeitsgründen ihren Geburtsort. Diese wiesen oft nach einiger Zeit Zeichen einer eigenartigen Krankheit auf: Blässe, Traurigkeit, Schwäche, Anämie. Es wurden viele Heilmittel für diese besondere Krankheit ausprobiert, und wenn alle angewandt waren, riet der Arzt dem Patienten zur Rückkehr in seinen Geburtsort. Dieser Rat hatte fast immer das beste Ergebnis: der Kranke bekam wieder Farbe und Gesundheit. Es hieß, die heimatliche Luft sei mehr wert als alle Medikamente, auch wenn das Klima im Geburtsort schlechter wäre als an dem Auswanderungsziel. Aber was der Leidende brauchte, war die Ruhe, die der Ort, wo er als Kind gelebt hatte, seinem Unterbewußtsein vermittelte.

Es gibt nichts Wichtigeres als diese absorbierende Form der Psyche, die den Menschen bildet und ihn sich an jede soziale Lage, jedes Klima und Land anpassen läßt. Darauf bauen wir unser Studium auf. Man muß sich überlegen, daß derjenige, der behauptet: »Ich liebe mein Land«, nichts Oberflächliches oder Erkünsteltes sagt, sondern einen wesentlichen Teil seiner selbst und seines Lebens offenbart.

Wir können also verstehen, wie das Kind kraft dieser besonderen Psyche die Sitten und Gebräuche des Landes, in dem es lebt, absorbiert, damit sich das typische Individuum seiner Rasse bildet. Dieses »lokale« Verhalten des Menschen ist ein geheimnisvoller Aufbau, der ebenfalls während der Kindheit geschieht. Es ist offensichtlich, daß die besonderen Sitten und die Mentalität einer Umgebung vom Menschen erworben werden, da keine dieser Eigenschaften in der Natur des Menschen liegen. Somit haben wir ein vollständigeres Bild von der Aktivität des Kindes. Es bildet ein Verhalten heraus, das nicht nur der Zeit und dem Ort, sondern auch der jeweiligen Mentalität entspricht. In Indien ist die Achtung vor dem Leben so groß, daß sie auch zur Verehrung der Tiere führt, und diese Verehrung ist zum wesentlichen Element im Bewußtsein dieses Volkes geworden. Dieses Gefühl kann jedoch

nicht von einem Erwachsenen erworben werden. Es
genügt nicht zu sagen: »Das Leben muß geachtet werden«, um uns diese Art zu fühlen anzueignen. Ich
kann wohl sagen, daß die Inder recht haben, ich kann
spüren, daß auch ich das Leben der Tiere achten muß,
aber es wird sich bei mir nie um ein Gefühl handeln,
sondern um eine Überlegung. Diese Art Vergötterung
der Kuh bei den Indern werden wir nie mitfühlen
können, so wie der Inder andererseits sein Bewußtsein
nie ganz von diesem Gefühl wird frei machen können.
Diese Eigenschaften scheinen also erblich zu sein – und
doch werden sie vom Kind aus seiner Umgebung absorbiert. Im Garten neben einer dortigen Montessori-
Schule sahen wir einmal ein kleines Hindukind, das
etwas älter als zwei Jahre war. Es schaute intensiv auf
die Erde und schien mit der Fingerspitze eine Linie zu
ziehen. Eine Ameise hatte zwei Beinchen verloren und
bewegte sich nur mühsam vorwärts. Das Kind war von
diesem Unglück angezogen und versuchte, das Laufen
der Ameise zu erleichtern, indem es mit dem Finger
einen Weg bereitete. Wer hätte nicht gesagt, daß dieses
Hindukind dieses Gefühl der Sympathie für die Tiere
»ererbt« hätte?
In dem Moment näherte sich, von diesem Vorgang
angezogen, ein anderes Kind, sah die Ameise, trat mit
dem Fuß darauf und zerquetschte sie. Das zweite Kind
war ein Moslem. Ein christliches Kind hätte wahrscheinlich dasselbe getan oder wäre gleichgültig daran
vorbeigegangen. Man könnte denken, daß in ihm

durch Vererbung der Sinn für die absolute Grenze zwischen Menschen und Tieren vorhanden sei, weshalb Achtung und Barmherzigkeit nur den Menschen vorbehalten sei.

Andere Völker haben andere Religionen, aber auch wenn ein Volk dazu kommt, diese mit dem Verstand abzulehnen, fühlt es sich doch im Herzen unruhig und unzufrieden. Solcher Glaube und solche Gefühle sind Teil unserer selbst, wie wir in Europa sagen: »Sie liegen uns im Blut.« Alle diese sozialen und moralischen Gewohnheiten, die die Gesamtheit der Personalität bilden, das Standesgefühl und alle Arten anderer Gefühle, die den typischen Italiener oder den typischen Engländer ausmachen, entstehen während der Kindheit durch diese geheimnisvolle psychische Kraft, die die Psychologen mit »Mneme« bezeichnen. Das gilt auch für bestimmte charakteristische Bewegungen, die die verschiedenen Rassen auszeichnen. Einige afrikanische Völker entwickeln Eigenschaften, die durch die Notwendigkeit der Verteidigung gegen wilde Tiere bedingt sind. Einige machen instinktiv geeignete Übungen, um ihr Gehör zu schärfen. Daraus folgt, daß die Gehörschärfe eines der Charakteristika der Individuen dieser besonderen Stämme ist. Auf gleiche Weise werden alle Charakteristika vom Kind absorbiert, um für immer fixiert zu sein, so daß, auch wenn der Verstand sie ablehnt, doch stets etwas davon im Unterbewußtsein des Menschen bleibt, denn was sich im Kind gebildet hat, kann nie ganz zerstört werden.

Diese »Mneme«, die als ein höheres natürliches Gedächtnis betrachtet werden kann, schafft nicht nur die
Charakteristika, sondern hält sie im Individuum wach.
Das, was vom Kind geformt wird, bleibt für immer in
der Personalität erhalten, so wie es mit den Gliedern
und den Organen geschieht, damit jeder Mensch zu
seinem eigenen individuellen Charakter kommt.

Erwachsene Individuen umändern zu wollen ist ein
vergeblicher Versuch. Wenn man sagt: »Dieser
Mensch kann sich nicht benehmen«, oder wenn man
beobachtet, daß diese oder jene Person ein unkorrektes
Verhalten aufweist, können wir oft in der betreffenden
Person ein Gefühl der Kränkung hervorrufen, und sie
könnte davon ableiten, daß sie einen schlechten Charakter hat. Aber Tatsache ist, daß dieser Charakter
nicht geändert werden kann.

Dasselbe Phänomen, so würden wir sagen, erklärt die
Anpassung an die verschiedenen Epochen der Geschichte. Denn während der Erwachsene der alten
Zeiten sich nicht an die modernen Zeiten anpassen
könnte, paßt sich das Kind an das Kulturniveau, das es
vorfindet, an, wie immer es auch sei, und es gelingt
ihm, einen Menschen aufzubauen, der seiner Zeit und
seinen Sitten angepaßt ist. Das beweist uns, daß die
Funktion der Kindheit in der Ontogenese des Menschen darin liegt, das Individuum an seine Umgebung
anzupassen, indem es ein Modell des Verhaltens bildet
und es so befähigt, frei in seiner Umgebung zu handeln
und Einfluß auf sie zu nehmen.

Das Kind muß also heute als Verbindungspunkt, als Bindeglied unter den verschiedenen Abschnitten der Geschichte und den verschiedenen Kulturstufen betrachtet werden. Die Kindheit ist eine äußerst wichtige Periode, denn will man neuen Ideen zum Durchbruch verhelfen, die Gebräuche und Sitten eines Landes ändern oder verbessern, die Charakteristika eines Volkes stärker betonen, müssen wir uns des Kindes bedienen. Wirken wir auf die Erwachsenen ein, werden wir nur sehr wenig erreichen. Wenn man wirklich bessere Lebensbedingungen und eine größere kulturelle Erleuchtung des Volkes anstrebt, muß man an das Kind denken, um die gewünschten Ergebnisse zu erreichen. Während der letzten Zeit der englischen Besatzung schickte eine Diplomatenfamilie oft ihre zwei Kinder, von einer indischen Nurse begleitet, in ein Luxushotel zum Essen. Dort setzte sich die Nurse auf die Erde und lehrte die Kinder, den Reis mit den Händen vom Teller zu nehmen, so wie es in Indien Brauch ist. Die Kinder sollten nicht mit der Verachtung und dem Widerwillen aufwachsen, den die Europäer im allgemeinen verspüren, wenn sie die Eingeborenen auf diese Weise essen sehen. Denn die Sitten und die entgegengesetzten Gefühle, die diese hervorrufen, bilden eines der Hauptmotive für das Unverständnis unter den Völkern. Wenn jemand glaubt, daß die Sitten degeneriert sind, und wünscht, die alten Sitten wiederzubeleben, kann er nur auf das Kind einwirken; vom Erwachsenen kann er sich kein Ergebnis erwarten. Um auf die Gesell-

schaft Einfluß zu nehmen, muß man sich notwendigerweise der Kindheit zuwenden. Dieser Wahrheit entspringt die Notwendigkeit, Schulen für Kinder zu
bauen, denn die Kinder bauen die Menschheit mit den
Elementen, die wir ihnen zur Verfügung stellen, auf.

Die Umgebung ist das Mittel, mit dem wir den großen
Einfluß auf die Kinder ausüben können; denn das Kind
absorbiert die Umgebung, nimmt alles aus der Umgebung und inkarniert es. Mit seinen unendlichen Möglichkeiten kann es die Menschheit umgestalten, so wie
es sie auch schafft. Vom Kind kommt uns große Hoffnung und eine neue Erleuchtung: Durch die Erziehung
kann vielleicht viel getan werden, um die Menschheit
zu einem größeren Verständnis, zu einem größeren
Wohlstand und einer tieferen Geistigkeit zu führen.

Psycho-embryonales Leben

Das Kind muß also von der Geburt an umsorgt werden, vor allem indem es als ein Wesen mit einem psychischen Leben betrachtet wird. Tatsächlich erweckt heute das psychische Leben des Kindes von seiner Geburt und von seinen ersten Lebenstagen an die Aufmerksamkeit der Psychologen. Es ist ein interessantes Objekt, das zu einer neuen Wissenschaft zu führen scheint, so wie es bereits für den physischen Teil des Lebens geschehen ist; die physische Hygiene und die Kinderheilkunde.

Wenn also im Neugeborenen ein psychisches Leben existiert, dann muß es sich vorher gebildet haben, sonst könnte es nicht bestehen. Tatsächlich kann auch im Embryo ein psychisches Leben bestehen. Wird diese Idee angenommen, so fragt man sich, in welcher Periode des embryonalen Lebens es beginnt. Wie wir wissen, kann es vorkommen, daß ein Kind mit sieben anstatt mit neun Monaten geboren wird – mit sieben Monaten ist das Kind bereits so ausgebildet, daß es lebensfähig ist. Sein psychisches Leben ist also funktionsfähig wie bei einem Kind, das mit neun Monaten geboren wird. Dieses Beispiel genügt, um zu erläutern, was ich darunter verstehe, wenn ich behaupte, daß das gesamte Leben ein psychisches Leben ist. In Wirklichkeit ist jede Lebensform in verschiedenem Grad mit psychischen Energien ausgestattet, mit einer bestimmten Art individueller Psyche, wie primitiv auch die Lebensform sein mag. Auch wenn wir die Einzeller betrachten, finden wir in ihnen eine Form von Psyche: sie entfernen sich von der Gefahr und nähern sich der Nahrung u. a.

Das Kind wurde bis vor einiger Zeit als Wesen ohne psychisches Leben betrachtet. Erst in letzter Zeit hat die Wissenschaft begonnen, einige bisher unbeachtete Einzelheiten des psychischen Lebens des Menschen in Betracht zu ziehen.

Im Bewußtsein der Erwachsenen entzündete sich etwas wie neue Anzeichen für eine Verantwortung. Das Phänomen der Geburt hat plötzlich die Literatur und die Psychologie beeindruckt. Die Psychologen bezeichneten sie als »das schwierige Abenteuer der Geburt«, und zwar in bezug auf das Kind, nicht auf die Mutter; auf das Kind, das gelitten hat, ohne klagen zu können, und das seinen Schrei erst dann ausstößt, wenn seine Anstrengung und sein Leiden beendet sind.

Die härteste und dramatischste Prüfung im Leben des Menschen ist die, sich plötzlich an eine Umgebung anpassen zu müssen, die sich völlig von der unterscheidet, in der er bisher gelebt hatte, plötzlich Funktionen übernehmen zu müssen, die er nie zuvor ausgeübt hat, und das in einem Zustand unsagbarer Schwäche, in dem er sich befindet. Das ist der Schluß, den die

Psychologen ziehen, die im Hinblick auf diesen kritischen und entscheidenden Moment den Begriff »Ge-
burtsangst« geprägt haben.

Es handelt sich hier sicher nicht um eine bewußte
Angst. Wären aber die bewußten psychischen Fähigkeiten des Kindes entwickelt, würde die angsterfüllte
Prüfung des Neugeborenen etwa in folgenden Fragen
Ausdruck finden: »Warum habt ihr mich in diese
schreckliche Welt geworfen? Was soll ich tun? Wie
werde ich auf diese ganz andere Art leben können? Wie
werde ich mich an diese erschreckende Menge von
Geräuschen gewöhnen können, ich, der ich doch vorher nicht das leiseste Flüstern vernommen hatte? Wie
werde ich diese äußerst schwierigen Funktionen übernehmen können, die du, meine Mutter, für mich erfüllt
hast? Wie soll ich verdauen und atmen? Wie soll ich
diesen schrecklichen Klimawechsel überstehen, ich,
der ich in deinem Leib mich einer immer gleichen
Wärme erfreut habe?« Das Kind ist sich des Vorgangs
nicht bewußt. Es könnte nicht sagen, daß es am
Trauma der Geburt leidet. Es muß jedoch in ihm, wenn
auch nur unbewußt, ein psychisches Gefühl bestehen,
und es nimmt im Unterbewußtsein etwa das wahr, was
wir hier zuvor ausgedrückt haben.

Für den, der das Leben studiert, wird es somit selbst-
verständlich, daß dem Kind bei seiner ersten Anpassung an die Umwelt geholfen werden muß. Es darf nie
vergessen werden, daß das Neugeborene für Angst
sensibel ist. Oft hat man bei Kindern, die in den ersten

Stunden ihres Lebens schnell ins Badewasser getaucht wurden, Bewegungen beobachtet wie bei jemandem, der sich festhält, weil er fühlt, daß er fällt. Diese Reaktionen offenbaren das Angstgefühl beim Kind. Wie hilft die Natur dem Neugeborenen? Zweifellos hilft sie ihm bei dieser schwierigen Anpassung. Sie verleiht zum Beispiel den Müttern den Instinkt, die Kleinen fest an ihren Körper zu halten, um sie vor dem Licht zu schützen. Die Natur hat auch die Mutter für die erste Lebensperiode ihres Kindes unfruchtbar gemacht. Indem sie für ihr eigenes Wohlsein ungestört bleibt, überträgt sie die nötige Ruhe auf ihr Kind. Es ist, als ob die Mutter in ihrem Unterbewußtsein das Trauma ihres Kindes erkennt und es an sich hielte, um es mit ihrem Körper zu wärmen und vor zu vielen Eindrücken zu bewahren.

Bei den menschlichen Müttern sind die Gesten des Beschützens nicht von der gleichen Lebhaftigkeit, wie wir es bei den Tiermüttern beobachten können. Betrachten wir zum Beispiel die Katzenmutter, die ihre Kleinen in dunklen Ecken versteckt und eifersüchtig wird, sobald sich ihnen jemand nähert. Der Beschützerinstinkt ist bei den menschlichen Müttern viel weniger wach und hat sich auf natürliche Weise verloren. Sobald das Kind geboren ist, nimmt es jemand auf die Arme, wäscht es, zieht es an und hält es unters Licht, um besser die Farbe seiner Augen erkennen zu können, behandelt es eher wie ein Ding und nicht wie ein beseeltes Wesen. Hier leitet nicht mehr die Natur, sondern der menschliche Verstand. Der Verstand trügt aber, da er nicht mehr vom Verständnis erleuchtet und gewohnt ist, das Kind als Wesen ohne Psyche zu betrachten.

Diese Periode oder besser dieser kurze Moment der Geburt muß offensichtlich gesondert betrachtet werden.

Er betrifft nicht das psychische Leben des Kindes im allgemeinen, sondern die erste Begegnung des Menschen mit der äußeren Umwelt. Beobachten wir die Tiere, werden wir sehen, daß die Natur die Säugetiere mit besonderem Schutz versehen hat. Sie hat es so eingerichtet, daß sich die Mütter, kurz bevor sie ihre Jungen zur Welt bringen, vom Rest der Herde isolieren und so bis einige Zeit nach der Geburt verbleiben. Das ist am deutlichsten bei den Tieren, die in großen Gruppen oder Herden, wie Pferde, Rinder, Elefanten, Wölfe, Hirsche und Hunde, leben. Alle verhalten sich in der gleichen Weise. Während dieser Isolierungsperiode haben die Jungen Zeit, sich an die neue Umwelt zu gewöhnen. Sie leben isoliert mit der Mutter, die sie mit ihrer Liebe und wachsamen Pflege umgibt. In dieser Zeit beginnt das neugeborene Tier langsam das Verhalten seiner Art an den Tag zu legen. Während dieser kurzen Isolierungsperiode ist von seiten des Jungen eine ständige psychologische Reaktion auf die Anregungen der Umwelt zu verzeichnen. Diese Reaktionen entsprechen den besonderen Verhaltensmerkmalen seiner Art. Wenn das Muttertier zur Herde zurückkehrt, tritt das Junge bereits vorbereitet auf eine feststehende Lebensweise in die Gemeinschaft ein. Und es ist nicht nur physisch, sondern auch psychisch gesehen ein kleines Pferd, ein kleiner Wolf oder ein kleines Kalb.

Auch als Haustiere behalten die Säugetiere diese Instinkte bei. In unseren Häusern können wir beobachten, wie die Hunde oder Katzen ihre Jungen mit dem Körper bedecken; sie zeigen die Instinkte wie die Tiere in der Freiheit und das enge Verhältnis, das die Jungen noch mit der Mutter verbindet. Man kann sagen, daß das Junge zwar den Körper der Mutter verlassen, sich aber noch nicht von ihr getrennt hat. Die Natur könnte für keine praktischere Hilfe gesorgt haben, um den Übergang von einem Leben zum anderen schrittweise zu gestalten.

Wir deuten heute diese Periode folgendermaßen: In den allerersten Lebenstagen erwachen im Tier die Instinkte seiner Rasse.

Es handelt sich also nicht nur um eine instinktive Hilfe, durch die schwierige Situation hervorgerufen und auf sie abgestimmt, sondern um einen Akt, der mit der Schöpfung in Verbindung zu bringen ist.

Wenn dies bei den Tieren geschieht, muß auch bei den Menschen etwas Entsprechendes existieren. Es handelt sich nicht nur um einen schwierigen, sondern um einen für die ganze Zukunft *entscheidenden* Moment. In dieser Periode findet eine Art Erwachen von Potentialitäten statt, die dann die enorme schöpferische Arbeit des Kindes leiten müssen: des geistigen Embryos. Da die Natur alle aufeinanderfolgenden Ereignisse in der psychischen Entwicklung mit offensichtlichen physischen Merkmalen begleitet, können wir feststellen, daß sich die Nabelschnur, die das Kind mit der Mutter verband, erst einige Tage nach der Geburt von seinem Körper löst. Diese erste Periode ist die wichtigste, denn in dieser Zeit geschehen geheimnisvolle Vorbereitungen.

So muß also nicht nur das Trauma der Geburt in Betracht gezogen werden, sondern auch die Möglichkeit, diese aktiven Faktoren, die zweifellos existieren müssen, in Bewegung zu setzen oder nicht. Denn wenn im Kind nicht wie beim Verhalten der Tiere bereits stabilisierte Eigenschaften existieren, müssen jedoch bestimmte Potentialitäten zu ihrer Hervorbringung existieren. Das Kind erwartet nicht das Erwachen atavistischer Erinnerungen an ein bestimmtes Verhalten, sondern die Bildung *nebelhafter* Anregungen, die formlos, aber voller potentieller Energien sind, die das menschliche Verhalten in der Umwelt leiten und inkarnieren müssen und die wir als »Nebule« bezeichnet haben.

Die Aufgabe der Anpassung, die die vitale Aufgabe der ersten Kindheit ist, kann mit den »Entwürfen« der Vererbung des Verhaltens beim tierischen Embryo verglichen werden. Die Tiere werden geboren und sind mit allem fertig ausgestattet: der Art der Bewegungen, der Geschicklichkeit, der Auswahl der Nahrung, den der entsprechenden Art eigenen Formen der Verteidigung.

Der Mensch hingegen hat alles in seinem sozialen Leben ausbilden müssen: Das Kind muß sich die Eigenschaften seiner sozialen Gruppe einprägen, indem es sie nach der Geburt aus der Umwelt absorbiert.

DIE NEBELFLECKE

Der Mensch und die Tiere

Wenn man das neugeborene Kind nur logisch betrachtet, sieht man den Unterschied zwischen ihm und den
neugeborenen Säugetieren in bezug auf die Vererbung. In der Tat erben die Jungen der Säugetiere – wie
die Tiere im allgemeinen – auch ein besonders fixiertes
Verhalten (behaviour), ebenso fixiert wie die morpholo-
gischen Kennzeichen ihres Körpers. Der Körperbau
paßt eben zu den Funktionen, die es in seinem Leben
verrichtet, und die Funktionen sind je nach der Art
fixiert. Die Lebensgewohnheiten, die Art und Weise
sich zu bewegen, zu springen, zu rennen, zu klettern,
liegen von Geburt an fest. Ihre Anpassung an die Umgebung betrifft daher die Möglichkeit, diese charakteristischen Funktionen zu erfüllen, die nicht allein die Bestimmung der Arterhaltung haben, sondern auch die
des Beitrags zur Erhaltung der funktionellen Harmonie
der ganzen Natur (kosmische Bestimmung). Die Pfoten
eines Tieres, das springt, rennt, flieht, klettert, in der
Erde gräbt, sind so gebaut, daß sie der Aufgabe eines
jeden entsprechen. Auch die Wildheit, die Gier nach
Kadavern tragen zur kosmischen Ordnung auf der
Erde bei. Schließlich ist auch der Körper selbst in seiner
Festigkeit oder Biegsamkeit so gebaut, daß er »die

kosmische Bestimmung« jeder Art verwirklichen kann. Nur wenige Arten haben die Gabe, ihre angeborenen Anpassungsmöglichkeiten innerhalb bestimmter Grenzen zu variieren. Diese Arten sind alle durch den Menschen domestiziert worden. Der größere Teil der Tiere bewahrt hingegen eine vollkommene Starrheit in den vererbten Kennzeichen und kann nicht domestiziert werden.

Der Mensch hingegen besitzt ein unbegrenztes Anpassungsvermögen. Er kann in allen Zonen der Erde leben und zahllose Gewohnheiten und Arbeitsformen annehmen. Überdies ist der Mensch die einzige Art, die einer unbegrenzten Entwicklung in ihren Tätigkeiten in der Welt fähig ist, und daraus resultiert die Entwicklung der Kultur. Er ist wirklich eine Art, die von Natur aus nicht in ihrem *Verhalten* (behaviour) fixiert ist wie alle anderen Lebewesen. Er ist eine Art, die sich fortwährend in einem Zustand der Kindheit befindet, weil sie sich in dauerndem Fortschritt weiterentwickelt, so drückte es unlängst ein Biologe aus.

Das ist also der erste Unterschied zwischen Mensch und Tier: Der Mensch empfängt ein nicht durch Vererbung fixiertes *Verhalten* (behaviour).

Ein anderer, ins Auge springender Unterschied liegt darin, daß kein einziges junges Säugetier so hilflos zur Welt kommt und so wenig imstande ist, die Kennzeichen des Erwachsenen seiner Art zu realisieren, wie der Mensch. Viele Tiere, z. B. die Ziegenlämmer, die Füllen und die Kälber, erheben sich fast sofort nach der

Geburt auf die Füße und laufen hinter ihrer Mutter her, um genährt zu werden.

Selbst Affen, die – wie man meint – dem Menschen am nächsten stehen, fallen schon gleich nach der Geburt durch ihre Lebendigkeit und Intelligenz auf. Sie halten sich von selbst energisch am Körper ihrer Mutter fest, die sie also nicht in ihren Armen zu tragen braucht. Die Affenmutter klettert in den Bäumen herum, während sich das Junge mit seinen Armen kräftig an ihrem Leib festhält. Noch merkwürdiger ist es, daß das Junge sogar wegläuft und der Mutter manchmal Mühe macht, es zurückzuholen und bei sich zu halten.

Dagegen ist das Menschenkind lange Zeit hilflos. Es spricht nicht, während alle anderen Jungen gleich piepen, bellen oder miauen, kurzum durch Vererbung die Laute der festgelegten und beschränkten arteigenen Äußerungsform wiedergeben. Die Hunde aller Rassen in der ganzen Welt bellen, alle Katzen miauen usw. ebenso, wie alle Vögel ihren eigenen Ruf und Gesang haben; eine eigene Äußerungsform, die zu den Kennzeichen der Art gehört.

Die lange Untätigkeit und Unfähigkeit des Kindes ist wirklich ausschließlich dem Menschen eigen. In einer Lebenszeit, in der ein Rind bereits imstande ist, sich fortzupflanzen, obwohl es einen bedeutend größeren Körper hat als der Mensch und fast dieselben physiologischen Organe, ist der Mensch noch ein Kind und sehr weit entfernt von der Reife.

Diejenigen, die die Evolution allein im Hinblick auf die Form des Körpers und seiner Organe studieren, um daraus die direkte Abstammung des Menschen von den Tieren abzuleiten, haben jedoch den Unterschieden ungenügende Aufmerksamkeit geschenkt, die sich in dieser geheimnisvollen Eigenart der langen menschlichen Kindheit zeigen. Und damit bleibt eine Lücke bestehen, die die Evolutionstheorien noch nicht in Betracht gezogen haben.

Man würde vielleicht aus logischen Gründen zugeben können, daß der Mensch ein Affe ist, der sich in langer Anstrengung der Anpassung an die Umgebung und ausschließlich durch diese so entwickelt hat. Es gibt immerhin eine offensichtliche Übereinstimmung zwischen dem Körper des Menschen und dem des Affen. Das Antlitz und das Haupt sind bei Funden des primitiven Menschen denen der höheren Affen ziemlich ähnlich und kommen ihnen ziemlich nahe. Die Gliedmaßen und das Gerippe im allgemeinen zeigen überraschende Ähnlichkeiten. Wer meint, daß der primitive Mensch auch auf Bäumen herumkletterte, begibt sich dadurch auf den Gemeinplatz, der auf phantastische Weise in den Tarzanfilmen entwickelt wird. Ein Punkt bleibt aber vollkommen unerklärlich. Man kann annehmen, daß ein primitiver Mensch von tiefstehendem morphologischem Typ auf Bäumen herumkletterte, aber man kann nicht annehmen, daß er ein Neugeborenes gehabt habe, das sprach, das sich von sich aus an seiner Mutter festhielt, sich aufrichtete und sogleich zu laufen begann! Es fällt schwer, einen Grund zu finden, warum der Mensch, während er sich allmählich weiterentwickelte zu einer höherstehenden Art, zum *homo sapiens*, es mitansehen mußte, wie sein Kind bewegungslos, stumm und unintelligent wurde. Warum sollte sein Kind durch ganze Jahre hindurch nicht imstande sein zu tun, was es im Zeitabschnitt vor dieser Evolution wohl konnte! Eins der wirklich menschlichen Kennzeichen, das es von den anderen Wesen deutlich unterscheidet, liegt also im Neugeborenen.

Es ändert nichts, daß man diese Tatsache noch nicht erklären kann. Die Tatsache bleibt bestehen. Man kann leicht daraus ableiten, daß, wenn der neugeborene Mensch eine so große Minderwertigkeit im Vergleich mit dem Jungen der anderen Säugetiere zeigt, er eine besondere Funktion haben muß, die andere nicht besitzen.

Diese Funktion beruht nicht auf der Vererbung von vorangehenden kindlichen Formen. Sie bezieht sich also auf ein neues Kennzeichen, das während der Evolution zum Vorschein gekommen ist.

Man erkennt dieses Kennzeichen nicht, wenn man den erwachsenen Menschen beobachtet. Deutlich erkennt man es nur, wenn man das Kind beobachtet.

Etwas *Neues* hat sich ereignet im Verlauf der Evolution, die zur Verwirklichung des Menschen führte, so wie im Hinblick auf die Kriechtiere in den Vögeln und Säugetieren ein neues Artmerkmal erschien, nämlich das warme Blut und die instinktive Sorge für die Eier bzw. die Jungen, d. h. für den Schutz der Art.

Der eigentliche Unterschied zwischen den Vögeln und den Kriechtieren liegt nicht in den eventuellen Zähnen im Schnabel des Archaeopteryx oder in dem langen Schwanz mit den vielen Wirbeln, sondern in der Elternliebe, die vorher nicht bestand und zusammen mit dem warmen Blut auftritt. Es gibt *Hinzugekommenes* in der Evolution und nicht nur Formveränderungen.

Die Funktion des Kindes

Das Kind muß eine besondere Funktion haben, die nicht allein darin bestehen kann, kleiner und schwächer als der Erwachsene zu sein. »Angeboren« besitzt es nicht all die Eigenschaften, die bestimmt sind, größer und stärker zu werden, bis sie ausgewachsen sind. Besäße es wirklich schon fixierte Kennzeichen, so wie es bei anderen Arten der Fall ist, würde der Mensch sich an solch verschiedene Umgebungen und Lebensgewohnheiten nicht anpassen können. Ebensowenig würde er seine gesellschaftlichen Lebensformen weiterentwickeln oder solch verschiedene Arbeiten verrichten können.

Das Kind unterscheidet sich also von den Tieren gerade im Hinblick auf die Vererbung. Es erbt offensichtlich keine *Kennzeichen*, sondern das Vermögen, sie zu bilden. *Nach der Geburt* also werden erst die Kennzeichen der Art, zu der das Kind gehört, aufgebaut.

Die Sprache möge uns als Beispiel dienen. Es steht fest, daß der Mensch eine ganz neue Eigenschaft besitzen und erblich weitergeben muß, um eine Sprache bilden zu können, die in Beziehung steht mit der Intelligenz und der Notwendigkeit, Gedanken weiterzugeben im Hinblick auf eine gesellschaftliche Zusammenarbeit.

Es wird jedoch keine *bestimmte Sprache* vererbt. Der Mensch »spricht eine Sprache« nicht einfach als Folge seines Wachstums, wie ein junger Hund, der bellt, wo immer er auch auf die Welt gekommen, selbst wenn er von den anderen Hunden getrennt ist. Die Sprache kommt nach und nach zustande und entwickelt sich gerade während der untätigen und unbewußten Periode der frühen Kindheit. Mit dem zweiten Lebensjahr, oder mit 2 Jahren und 3 Monaten, spricht das Kind deutlich und gibt genau die Sprache wieder, die von den es umgebenden Personen gesprochen wird. Es reproduziert nicht aufgrund von Vererbung die Sprache seines Vaters oder seiner Mutter. Wird ein Kind aus der elterlichen Umgebung und aus seinem Lande entfernt und in ein anderes Land gebracht, wo eine andere Sprache gesprochen wird, so nimmt es die Sprache des anderen Landes in sich auf.

Ein neugeborenes italienisches Kind, das in die Vereinigten Staaten von Amerika gebracht wird, wird Englisch mit dem typisch amerikanischen Akzent sprechen und nicht ein Wort Italienisch verstehen. Es ist also das Kind selbst, das die Sprache in sich aufnimmt, und bevor es sie erworben hat, ist es *stumm*. Hierin unterscheidet es sich von den Tieren. Die Geschichte berichtet von selten vorkommenden sogenannten »Waldkindern«. Sie wurden vollkommen verlassen in Wäldern gefunden, ausnahmsweise blieben sie am Leben, obwohl sie von aller Hilfe verlassen inmitten der wilden Tiere aufwuchsen. Diese Kinder waren stumm, auch wenn sie schon 12 oder 16 Jahre alt waren, als man sie fand. Keins von ihnen brachte Laute der Tiere hervor, in deren Mitte sie aufwuchsen und von denen sie in gewissem Sinne angenommen worden waren. Stumm war der berühmte Wilde von Aveyron, der in den Wäldern im Alter von ungefähr 12 Jahren gefunden und von dem berühmten französischen Arzt Itard erzogen wurde. Itard entdeckte während seiner interessanten Erfahrungen, daß dieser Junge weder taub noch unfähig zu sprechen war, denn er lernte Französisch sprechen und sogar diese Sprache zu lesen und zu schreiben. Er war nur scheinbar ein Taubstummer; denn er hatte von den Menschen getrennt gelebt, von Personen, die sprechen.

Die Sprache entwickelt sich also *ex novo* durch das Kind selbst. Das Kind baut sie auf natürliche Weise auf, das ist wahr, d. h., es besitzt diese ererbte Fähigkeit, es selbst baut sie auf, in sich selbst, indem es sie aus seiner Umgebung aufnimmt. Nichts ist interessanter als die jüngsten Studien der Psychologie, die genaue Beobachtungen über die Entwicklung der Sprache im Kind beschreiben.

Die Kinder nehmen unbewußt die Sprache auf grammatische Weise in sich auf. Während sie lange Zeit scheinbar ausdruckslos bleiben, erscheint plötzlich, oder besser nach Verlauf von ungefähr 2 Jahren und 3 Monaten, ein Phänomen gleichsam der Explosion einer schon ganz ausgebildeten Sprache. Es hat also eine innere Entwicklung stattgefunden während der langen

Zeit, in der das Kind sich nicht äußern konnte. In den geheimen Tiefen seines Unbewußten erarbeitete es sich die ganze Sprache mit den Regeln, die die Worte in der für den Ausdruck der Gedanken notwendigen grammatischen Wortordnung stellen. Dies tun die Kinder in allen Sprachen, die bestehen. Die einfachsten Sprachen, wie die einiger afrikanischer Stämme, und die sehr komplizierten, wie Deutsch oder Russisch, werden alle in genau derselben Zeit übernommen. Kinder aller Rassen beginnen ungefähr mit dem zweiten Lebensjahr zu sprechen. So muß es bestimmt auch in der Vergangenheit gewesen sein. Römische Kinder müssen Latein gesprochen haben, eine Sprache, die mit ihren Deklinationen und Konjugationen so schwierig ist, daß unsere jungen Menschen in höheren Schulen sie mit der größten Mühe lernen. In Indien müssen kleine Kinder in alten Zeiten Sanskrit gesprochen haben, das für die Studenten unserer Zeit beinahe nicht zu erlernen ist.

Tamil, eine Sprache in Südindien, ist z. B. für uns außergewöhnlich schwierig. Sie hat so viele verwandte Klänge und beinahe unmerkliche Betonungen, die die Bedeutung des Gesprochenen durch eine kleine Erhöhung oder Senkung der Stimme abändern. Doch sprechen kleine zweijährige Kinder in den indischen Dörfern und Steppen Tamil. Wer Italienisch lernt, hat große Mühe, zu behalten, ob ein Wort männlich oder weiblich ist, da es eben keine eindeutige Regel gibt. Ja, einige Worte sind männlich in der Einzahl und weiblich in der Mehrzahl oder umgekehrt. Darum kommt es kaum vor, daß ein Fremder keine Fehler macht. Ungebildete italienische Straßenjungen aber machen hierin nie Fehler und machen sich über die Fremden lustig. Es gibt gelehrte Personen, die die italienische Sprache in all ihren Regeln und Klängen gründlich studierten und davon überzeugt sind, sie wie Italiener zu sprechen, und dennoch müssen sie sich sagen lassen: »Sie haben einen fremden Akzent. Aus welchem Lande kommen Sie?«

Die Sprache, die man sich während der ersten Jugend zu eigen machte, ist unverkennbar und unnachahmlich. Diese Sprache ist die »Muttersprache«, ein Besitz sowohl des ungebildeten wie des gebildeten Menschen. Es ist die einzige Sprache, die jeder Mensch vollkommen in Klangfolge, Tonfall und grammatischem Aufbau beherrscht. Sie verrät, zu welchem Land man gehört oder zu welcher Rasse, ebenso wie Hautfarbe und Körperbau.

Wie wurden diese verschiedenen Sprachen festgelegt? Sprachen, die ihre Entwicklung durch unendliche Geschlechterfolgen hin erhielten, Klänge, die als Ausdruck der Gedanken eine ganze Entwicklung durchmachten? Sicher nicht dadurch, daß das Kind hierauf bewußt seine Aufmerksamkeit richtete, und nicht durch verstandesmäßiges Bemühen. Der Mensch besitzt ein ererbtes Vermögen, sprechen zu können; aber eine bestimmte Sprache wird nicht erblich weitergegeben. Was erbt man dann?

Man könnte einen Vergleich mit den kosmischen Nebelflecken, woraus die Sterne geboren werden, anstellen. Es sind beinahe form- und substanzlose Anhäufungen von ätherischen Gasen. Man kann sie nicht greifen. Doch nehmen sie nach und nach feste Form an und verändern ihre Gestalt. Sie werden Fixsterne und Planeten. Falls man vergleichsweise eine Erblichkeit im Hinblick auf die Sprache unterstellen möchte, würde man sie auch einen Nebelfleck nennen können, gleichsam substanzlos und stumm. Ohne solch einen Nebelfleck gäbe es jedoch keine Möglichkeit, irgendeine Sprache zu entwickeln. Diese Nebelflecke wären dann geheimnisvolle Potenzen, vergleichbar denen der Gene, die sich in der Keimzelle befinden und den Bau der künftigen Gewebe lenken können, so daß die komplizierten und in allen ihren Geweben bestimmten Organe gebildet werden.

Der geistige Embryo

Sollte das Kind, das augenscheinlich psychisch untätig ist, nicht vielleicht ein *Embryo* sein, in dem die Kräfte und psychischen Organe des Menschen zur Entwicklung kommen? Ein Embryo, in dem nur Nebelflecke sind, die sich zwar spontan entwickeln können, aber dies allein *auf Kosten der Umgebung*, die so unterschiedlich in den Kulturformen ist? Das ist dann der Grund, warum der menschliche Embryo *geboren* werden muß, bevor er sich vervollkommnen kann, und weshalb er sich nur nach der Geburt zu entwickeln vermag. Seine Potenzen müssen eben durch die Umgebung angeregt werden.

Es muß zweifellos viele »innere Einflüsse« geben, wie es im körperlichen Wachstum während der von den *Genen* abhängigen Entwicklung z. B. die Einwirkung der verschiedenen Hormone gibt. Hier im geistigen Embryo existieren hingegen richtunggebende *Sensibilitäten*. Im Fall der Sprache z. B. bemerkt man bei einer Untersuchung der Sinneswerkzeuge, daß das Gehör während der ersten Lebenswochen am wenigsten entwickelt zu sein scheint. Und doch müssen die feinsten Klänge des Wortes durch das Gehör aufgenommen werden. Daraus ergibt sich, daß das Gehör *nicht hört* nur als Sinnesorgan, sondern durch bestimmte Sensibilitäten veranlaßt wird, genau die Laute der Worte aus der Umgebung aufzunehmen. Diese werden nun nicht nur gehört, sondern rufen Bewegungsreaktionen in den zarten Fasern der Stimmbänder, in der Zunge und in den Lippen hervor, die eigens unter allen Muskelfasern gerade auf diese Weise wachgerufen werden, jene Laute wiederzugeben. Dies wird aber nicht unmittelbar zur Äußerung gebracht, sondern in Erwartung des Augenblicks, in dem die Sprache geboren werden muß, aufbewahrt, so wie das Kind sich im intrauterinen Leben bildet ohne eigene Lebensvollzüge, dann aber nach der in einem bestimmten Augenblick ausgelösten Geburt ganz plötzlich selbst sein Leben vollzieht.

Dies sind Hypothesen, aber es bleibt die Tatsache, daß innere Entwicklungen stattfinden, die durch schöpferische Energien geleitet werden, und daß diese Entwicklungen zur Reife kommen können, ehe sie sich nach außen zeigen. Wenn sie sich dann äußern, sind sie *Kennzeichen*, welche aufgebaut sind, Züge der Individualität zu bilden.

Der absorbierende Geist

Nicht alle diese verwickelten Prozesse verlaufen längs der Wege, die man in fest umrissener Form bei den Erwachsenen antrifft. Das Kind hat die Sprache nicht gelernt, so wie wir eine fremde Sprache lernen könnten. Wir tun es mit Hilfe unserer Verstandeskräfte. Das Kind hat aber einen festen Aufbau vollzogen, der ebenso genau und wunderbar ist wie der embryonale Aufbau eines Organs in einem Organismus. Es besteht also in dem kleinen Kind eine unbewußte Geistesform, die eine schöpferische Kraft besitzt. Wir nennen sie »den absorbierenden Geist«. Der absorbierende Geist baut nicht mit Hilfe von Willensanstrengungen, sondern unter der Führung »innerer Sensibilitäten«, die wir »sensitive Perioden« nennen, weil die Sensibilität nur eine bestimmte Zeit dauert, gerade lang genug, um die von der Natur bestimmten Eroberungen zu machen. Träten z. B. dem Nebelfleck der Sprache im Kinde Hemmungen bei seiner Entwicklung entgegen und würden die aufbauenden Sensibilitäten des Gehörs nicht funktionieren, könnte Taubstummheit die Folge sein, obwohl alle Organe des Gehörs und der Sprache vollkommen normal sind.

Es ist klar, daß in der psychischen »Schöpfung« des

Menschen ein Geheimnis stecken muß. Wenn wir alles durch Aufmerksamkeit, Willensanspannung und Verstand lernen, wie sollte dann das kleine Kind, dem Verstand, Wille und Aufmerksamkeit noch nicht zur Verfügung stehen, seinen großen Aufbau vollziehen können? Es ist deutlich, daß im Kinde ein Geist mit Fähigkeiten arbeitet, die ganz verschieden von unseren sind, und daß also im Unbewußten andere psychische Funktionen als im bewußten Geist existieren können.

Die Sprache ist ein deutliches Beispiel, einen Begriff von diesem geistigen Unterschied zu geben. Sie erschließt sich nur einem Studium der unmittelbaren und detaillierten Beobachtungen.

Der unbewußte Geist empfindet die verschiedenen Schwierigkeiten nicht, die wir erfahren, wenn wir eine fremde Sprache lernen. Für ihn ist z. B. kein Unterschied zwischen einer ganz einfachen und einer äußerst komplizierten Sprache. Natürlich gibt es dann auch keine Schwierigkeitsstufen in der Entwicklung, weil es die Schwierigkeiten nicht gibt. Das *Ganze* wird in derselben Zeit erworben. Dieser Gewinn ist nicht mit der Anstrengung des *Gedächtnisses* zu vergleichen, die wir machen müssen, auch nicht mit der Labilität unseres Gedächtnisses, das seinen flüchtigen Besitz leicht verliert. Denn während der unbewußten Phase wird die Sprache unauslöschlich eingeprägt und wird so ein *Kennzeichen*, das der erwachsene Mensch in sich vorfindet. Keine andere Sprache, die man der Muttersprache hinzufügen will, wird ein Kennzeichen, und keine wird so sicherer Besitz.

Es ist für uns ein großer Unterschied, welche Sprache wir mit unserem bewußten Geist lernen. Es ist natürlich viel einfacher, eine primitive Sprache mit einer einfachen Grammatik zu lernen, wie etwa einige Sprachen von einheimischen Völkern in Mittelafrika. Mitunter lernen die Missionare sie während der Reise über den Ozean und durch die Wüste zu ihrem Bestimmungsort hin. Es ist aber sehr mühselig, eine komplizierte zu lernen wie Latein, Deutsch oder Sanskrit. Studenten brauchen vier, fünf, selbst acht Jahre, um sie zu lernen. Selbst dann beherrschen sie sie noch nicht vollkommen. Eine lebende, aber fremde Sprache lernt man nie vollkommen. Der eine oder andere grammatikalische Fehler oder der »fremde Akzent« verrät stets, daß sie nicht unsere Muttersprache ist. Und wenn man diese fremde Sprache nicht fortwährend übt, vergißt man sie leicht.

Die Muttersprache wird nicht dem bewußten Gedächtnis anvertraut, sie ist in einer anderen Art Gedächtnis geborgen, ähnlich dem, das die modernen Psychologen, Biologen oder Psychoanalytiker »Mneme« oder »vitales Gedächtnis« nennen. Es ist ein Gedächtnis, das die erblich weitergegebenen Formen durch die Unendlichkeit der Zeit bewahren soll und als ein »vitales Vermögen« betrachtet wird.

Vielleicht kann ein oberflächlicher Vergleich diesen Unterschied illustrieren, ein Vergleich zwischen einer

Photographie und einem graphischen Zeichen, das mit Hilfe der Hand und zugleich des Verstandes zustande gebracht, also geschrieben, gezeichnet oder gemalt wird. Ein Photoapparat kann auf seinem Film in einem einzigen Augenblick alles aufnehmen, was ihn durch das Licht erreicht. Es kostet keine größere Anstrengung, das Bild eines Waldes oder eines einzelnen, alleinstehenden Baumes, einen Menschen mit seiner Umgebung oder ein einzelnes Gesicht aufzunehmen. Wie schwierig das Bild auch sein möge, der Film nimmt es auf die gleiche Weise in genau demselben Moment auf, in dem die Blende sich öffnet und die Lichtstrahlen den Film treffen. Ob man nun den Umschlag eines Buches, der nur den Titel erfaßt, oder ein mit feinem Druck besetztes Blatt photographieren will, der Vorgang und das Resultat sind dieselben.

Wenn man aber mit der Hand eine Zeichnung machen will, so wird das je nachdem einfacher oder schwieriger sein; und man braucht weniger Zeit, ein Profil als eine Person, eine Gruppe von Menschen oder eine Landschaft zu zeichnen. Eine Zeichnung gibt überdies nie alle Einzelheiten wieder, auch wenn man dies zu erreichen versucht, so wenig sogar, daß man nicht eine Zeichnung, sondern eine Photographie fordert, wenn man eine zuverlässige Wiedergabe eines Gegenstandes oder einer bestimmten Körperhaltung nötig hat. Den Titel eines Buches abzuschreiben, ist eine einfache und kurze Angelegenheit im Vergleich mit der Kopie eines dicht beschriebenen Blattes. Während die Hand langsam weiterarbeitet, werden im Entstehen des Bildes ihre Langsamkeit und die aufeinanderfolgenden Bemühungen offenbar.

Der Photoapparat hingegen bleibt sich gleich, nachdem das Photo aufgenommen wurde, und aus nichts wird sichtbar, wie er ein Bild in sich aufgenommen hat. Der Film muß in einem dunklen Raum herausgenommen und chemischen Einflüssen ausgesetzt werden, die das Bild ohne Hilfe des Lichtes, das es hervorbrachte, fixieren. Wenn das Bild fixiert ist, kann der Film gewaschen und dem Licht ausgesetzt werden; denn das Bild ist nun unverwischbar und gibt alle Besonderheiten des photographischen Gegenstandes wieder. Auf ähnliche Weise scheint der absorbierende Geist zu arbeiten. Auch hier müssen die aufgenommenen Bilder in der Dunkelheit des Unbewußten verborgen bleiben und durch geheimnisvolle Sensibilitäten fixiert werden, ohne daß etwas davon nach außen sichtbar wird. Erst wenn diese geheimnisvolle Erscheinung sich vollzogen hat, kommt die schöpferische Erwerbung ans Licht des Bewußtseins und bleibt mit all ihren Einzelheiten unauswischbar darin verankert. Dann – im Falle der Sprache – bricht das Erworbene nach außen, kurz nach dem zweiten Lebensjahr. Die Besonderheiten der Laute, der Vor- und Nachsilben, der Deklinationen und Konjugationen und des Satzbaues haben darin ihren Platz eingenommen. Das ist dann die unverlierbare Muttersprache: das Kennzeichen eines Volkes.

Welch eine wunderbare Gabe der Menschheit ist der absorbierende Geist!

Ohne bewußte Anstrengung, nur indem es »lebt«, absorbiert das Kind aus der Umgebung selbst ein solch komplexes kulturelles Gebilde wie die Sprache. Würde diese wesentliche Geistesform auch im Erwachsenen fortbestehen, wie einfach wäre das Studium! Stellen wir uns vor, wir würden eine andere Welt besuchen, z. B. den Planeten Jupiter, und dort Menschen begegnen, die nur durch Umhergehen und Leben alle Wissenschaften absorbierten, ohne sie zu studieren, Menschen, die Fähigkeiten erwürben, ohne die Mühe der Übung. Wir würden sagen: »Welch glückliches Wunder!« Nun, diese phantastische Geistesform besteht, es ist die Geistesform des Kleinkindes. Es ist eine Erscheinung, die in den Geheimnissen des schöpferischen Unbewußten verborgen bleibt.

Wenn die Entwicklung so bei der Sprache stattfindet, dem Gebäude von Lauten, das von den Menschen durch Jahrhunderte und Jahrtausende intellektueller Anstrengung aufgebaut wurde, um den Ausdruck der Gedanken zu ziselieren, dann fällt es auch nicht schwer einzusehen, daß auf die gleiche Weise auch die anderen psychischen Kennzeichen, die das eine Volk vom anderen unterscheiden, im Kind festgelegt werden. Wir denken z. B. an die Gewohnheiten, Vorurteile, Gefühle und überhaupt alle Kennzeichen, die wir in uns »inkarniert« finden, unabhängig oder trotz der Veränderungen, die unser Verstand, unsere Vernunft, unser Begründungsvermögen daran vornehmen möchten. Ich erinnere mich, daß mir Gandhi einmal sagte: »Ich könnte mit vielen Gewohnheiten der westlichen Völker übereinstimmen und sie annehmen; aber nie könnte ich das Gefühl der Verehrung für die Kuh in mir auswischen.« Wieviel Menschen denken nicht: »Ja, meine Religion ist, rein logisch gesprochen, absurd. Trotzdem bleibt in mir ein geheimnisvolles Gefühl von Verehrung für die geweihten Dinge, ein Bedürfnis, meine Zuflucht zu ihnen zu nehmen, um leben zu können.« Menschen, aufgewachsen unter dem Eindruck ihrer Tabus, auch wenn sie ihren Doktor der Philosophie machten, können diese nicht auslöschen. Das Kind baut wirklich die Eigenarten der Menschen seiner Umgebung in sich auf und reproduziert sie in sich selbst wie in einer Art von psychischer Mimikry. So wird es während seines Wachstums nicht einfach ein Mensch, sondern ein Mensch seines Volkes.

Mit dieser Beschreibung haben wir ein psychisches Geheimnis angerührt, das von vitaler Bedeutung für die Menschheit ist: das Geheimnis der *Anpassung*.

Das Anpassungsvermögen

So wie einige Evolutionstheorien das Anpassungsvermögen betrachten, müßte es die »Artmerkmale« hervorbringen. Die Merkmale, welche die eine Art von der anderen unterscheiden, würden dann letzten Endes festgelegt und unverändert durch Vererbung weitergegeben.

Im Menschen, der sich an alle Lebensbedingungen und Umstände der Umgebung anpassen muß und sich in seinen Gewohnheiten nie völlig festlegt, da er kontinuierlich auf dem historischen Wege der Kultur weiterschreitet, muß also ein »Vermögen« schneller Anpassung sein, das die Vererbung auf psychischem Gebiet ersetzt. Zwar ist dieses Vermögen unzweifelhaft durch die Tatsache bewiesen, daß wir in allen Ländern der Erde, auf allen Längen- und Breitengraden, auf allen Höhen vom Meeresspiegel bis zum Hochgebirge Menschen finden, doch ist es dem erwachsenen Menschen nicht eigen. Der Erwachsene paßt sich nicht leicht an oder besser gesagt, wenn einmal die Merkmale seines Volkes in ihm gebildet sind, lebt er nur in seinem eigenen Land in *voller Befriedigung* und ist nur *inmitten* der Merkmale, die sich ihm auch eingeprägt haben, glücklich.

Die Anpassung des erwachsenen Auswanderers oder des Erwachsenen, der inmitten von Völkern anderer Sitten lebt, kostet oft mühselige *Anstrengung*. Entdeckungsreisende sind Helden. Sie, die weit von ihrem ursprünglichen Lebenszentrum wohnen, sind Verbannte.

Wer sich einmal angepaßt hat, ist nur auf seinem ursprünglichen Lebensmittelpunkt wirklich glücklich, inmitten von Lebensbedingungen, die zu seinem eigenen Volke gehören. Der Eskimo empfindet den Zauber des Eises wie der Äthiopier die Anziehungskraft des Dschungels. Und wer sein Leben an der Küste verbringt, wird vom Ozean im Bann gehalten, und die Wüstenvölker genießen die Poesie der dürren, unendlichen Flächen. Wer an neue Lebensbedingungen *nicht angepaßt* ist, leidet unter einer Anstrengung. Missionare betrachten ihr Leben als ein Opfer.

Die Kindheit ist das Instrument, das einen jeden nicht nur seinen eigenen Fleck auf der Erde lieben läßt und ihn an seine eigenen Gewohnheiten fesselt, sondern überdies, und aus demselben Grunde, das Mittel, die Evolution der Kultur zu durchlaufen. Jeder Mensch ist angepaßt an seine Zeit und lebt glücklich allein in ihr. Ebensowenig wie wir uns einer gesellschaftlichen Lebensform von vor tausend Jahren angleichen könnten, würde der Mensch jener Zeit es an unsere tun können. Er hatte keine Maschinen, keine schnellen Beförderungsmittel. Er würde nicht leben können zwischen dem Lärm und dem Jagen unserer modernen Welt und erschrecken vor den Wundern, die der Mensch mit seinen Entdeckungen geschaffen hat. Wir aber fühlen uns wohl in dieser Umgebung, in der wir, wie wir sagen, die *Annehmlichkeiten* des Lebens finden.

Der Mechanismus ist einfach und deutlich. Das Kind macht sich die Umgebung, die es antrifft, zu eigen und baut den Menschen auf, der dem Leben in dieser Umgebung angepaßt ist. Um diese Funktion zu verrichten, lebt das Kind auch nach der Geburt in einer embryonalen Periode, und dies finden wir nur beim Menschen. Es lebt diese Periode im Verborgenen und ist scheinbar ein leeres und ausdrucksloses Wesen.

Nach dem ersten Jahrzehnt unseres Jahrhunderts hat man begonnen, das Kleinkind zu studieren. Alle, die es studierten, kamen zu dem Schluß, daß die ersten zwei Lebensjahre die allerwichtigsten sind, denn während der ersten zwei Lebensjahre vollzieht sich die fundamentale Entwicklung, die die Personalität des Menschen kennzeichnet. Während das Neugeborene nichts besitzt, selbst nicht das Vermögen, sich willkürlich zu bewegen, spricht, läuft, begreift das Kind von zwei Jahren und erkennt die Dinge der Umgebung. Dann dauert seine Kindheit noch während des Spielalters fort. In diesem wird seine unbewußte Schöpfung organisiert und ihm selbst bewußt.

Das Leben kann in wohl unterschiedene Zeitabschnitte eingeteilt werden. Jeder Abschnitt entwickelt Eigenschaften, die in ihrem Aufbau durch Naturgesetze geleitet werden.

Wenn diese Gesetze nicht geachtet werden, kann der Aufbau des Individuums anomale und widernatürliche Formen annehmen. Wenn wir aber auf ihn achten mit dem Interesse, die Gesetze der Entwicklung zu entdecken und zu unterstützen, können sich nie erkannte und überraschende Kennzeichen offenbaren. Durch sie können wir allmählich die inneren geheimnisvollen Funktionen kennenlernen, die die psychische Schöpfung des Menschen leiten.

Das Kind besitzt große Kräfte, die wir noch nicht zu benutzen wissen.

Eine der drohendsten Gefahren in der gegenwärtigen Kultur ist die, bei der Erziehung des Kindes gegen das Gesetz zu handeln und das Kind unter dem Irrtum der allgemeinen Vorurteile zu ersticken und zu verbilden.

Der Kontakt mit der Welt

So ergibt sich eine logische Tatsache: Wenn das Kind von Geburt an sein Schöpfungswerk auf Kosten der Umgebung verrichten soll, muß es mit der *Welt* in Kontakt gebracht werden, mit dem äußeren Leben der Menschen. Es muß teilnehmen am Leben der Erwachsenen, oder besser, ihm beiwohnen. Wenn es die Sprache seines Volkes in Fleisch und Blut aufnehmen (incarnare) soll, muß es Menschen sprechen hören und ihren Gesprächen beiwohnen können. Wenn es sich an die Umgebung anpassen soll, muß es am öffentlichen Leben teilnehmen und Zeuge der Gewohnheiten sein, die seine Volksgenossen kennzeichnen.

Welch eine befremdende und beängstigende Folgerung! Wenn es ein Gefangener des Kinderzimmers, ein vom gesellschaftlichen Leben Ausgeschlossener ist, wird es also unterdrückt, geschmälert und mißbildet. Schließlich wird es ein anomaler Mensch, ein *nichtanpassungsfähiger* Mensch, weil ihm die notwendigen Mittel zur Erfüllung seiner wichtigen Funktion entzogen wurden!

Muß das kleine Kind, das noch nichts spricht und sich noch nicht fortbewegt, denn in die menschliche Gesellschaft hereingebracht werden? Muß es öffentlichen

Feierlichkeiten beiwohnen und am Leben des Erwachsenen teilnehmen? Wer würde den Mut haben, so
etwas zu befürworten und eine Revolution zu versuchen, die so sehr im Widerstreit steht zu unseren
modernen Vorurteilen?

Andererseits können wir nicht leugnen, daß in unserer
Zeit, in der dem Kind soviel hygienische Sorge gewidmet wird, ihm soviel Ruhe gegönnt wird, ja in der man
es beinahe zum fortdauernden Schlafen verurteilt, die
Zahl der schwierigen Kinder anwächst; der zurückgebliebenen Kinder, der Kinder ohne Charakter, ohne
Kühnheit, mit einer armseligen und sogar gehemmten
oder geradezu stotternden Sprache. Gegenüber dem
Bild von soviel gestörtem Gleichgewicht, von so vielen,
die unter seelischen Anomalien leiden und dadurch in
ihrem sozialen Leben gehemmt werden, ist man ganz
verwirrt und hilflos. Jeder würde sagen: »Dies ist ein
Übel; aber Ihr Vorschlag ist absurd.«

Wir wollen uns nun wieder der Natur zuwenden.
Denn wenn das Kind diese besondere Funktion verrichten muß, muß die Natur dafür vorgesorgt haben,
daß es den nötigen Schutz erhält und ihm bei der
Erfüllung seiner Lebensfunktion, die für die Gesellschaft unentbehrlich ist, geholfen wird.

Man kann nun feststellen, daß genau dies bei einer
natürlichen und ursprünglichen Lebensweise der Fall
ist. Das Neugeborene, das kleine Kind, der *geistige
Embryo*, der auf Kosten seiner Umgebung seine Anpassung vorbereiten und die Merkmale seines Volkes auf-

bauen muß, nahm immer an dem gesellschaftlichen Leben der Erwachsenen teil. Die Mutter trägt es in ihren Armen, und sie hält es bei sich, wohin sie auch geht. Die Bäuerin, die auf dem Felde arbeitet, nimmt ihr Kind mit. Die Frau des Volkes, die auf dem Markt ihre Einkäufe macht, in die Kirche geht und mit ihren Gevatterinnen ein Schwätzchen hält, hat ihr Kleines immer bei sich.

Das *Stillen* ist das Band, das den geistigen Embryo mit seiner Mutter verbunden hält. Dies ist der Fall bei allen Völkern. Die Weise, wie die Mütter ihre Kinder zu tragen pflegen, um die Hände für die Arbeit frei zu haben, ist jedoch eines der Merkmale in den Sitten der einzelnen Völker. Die Eskimomutter trägt ihr Kind auf dem Rücken, die japanische Mutter auf ihren Schultern, die indische auf ihrer Hüfte, in einigen schweizerischen Kantonen tragen sie es auf dem Kopf. So erfüllen die Mütter eine zweite natürliche Funktion, die psychischer Art ist. Sie sind sich zwar dessen nicht bewußt, daß sie etwas tun, was für die Erhaltung der Art notwendig ist. Die Mutter ist alles andere als eine »Erziehungsrevolutionärin«. Sie ist keine Lehrerin des Kindes, sie ermahnt es nicht, aufzupassen und zu lernen. Sie ist für es einfach ein Beförderungsmittel. Sie beschäftigt sich gar nicht mit dem, was das Kind beobachtet. Sie betrachtet es wie jeder andere als ein leeres, stummes Wesen, ohne Intelligenz und ohne eigene Bewegung. Und das ist eine vorsorgliche Maßnahme der Natur. Das Kind beobachtet nämlich nicht die

Dinge, die seine Mutter interessieren, und was das Kind beobachtet, entgeht der Aufmerksamkeit seiner Mutter.

Es ist der Mühe wert, bei einer Gruppe primitiver Menschen darauf zu achten, z. B. auf einem Dorfmarkt. Es gibt dort Menschen, Tiere und allerlei Dinge, Früchte, Stoffe usw. Jeder bespricht seine eigenen Geschäfte. Dann sieht man den Säugling, das embryonale Kind, mit einer merkwürdigen Fixiertheit und großem Interesse allerlei Dinge betrachten. Es betrachtet die *Umgebung* in all ihren Aspekten, während seine Mutter verweilt, um zu feilschen und mit den Leuten zu reden. Die *Welt*, die Umgebung in ihrer Ganzheit, entgeht der Mutter, aber nicht dem Kind. Seine Mutter betrachtet die Früchte, die sie kaufen will. Das Kind schaut mit Entzücken nach einem Hund oder einem Esel und ihren Bewegungen. Mutter und Kind sind in ihrem Interesse ganz unabhängig voneinander. Oft ist das Kind mit Windeln oder anderen Mitteln so an seiner Mutter festgebunden, daß es notwendigerweise in eine andere Richtung schauen muß. Die meisten Bekannten, die seiner Mutter begegnen, halten an, um etwas Artiges zu dem Kind zu sagen, und geben ihm so unwillkürlich wiederholte Sprachlektionen. Bei wenig entwickelten Völkern dauert die Stillzeit sehr lange, mehr als ein Jahr, mitunter kann sie zwei Jahre dauern. Während dieser wichtigen Lebensperiode erobert das Kind seine Umgebung. Für den Körper ist es wirklich nicht notwendig, daß das Kind so lange mit Muttermilch genährt wird. Die Mutter gehorcht einem Instinkt der Liebe darin, daß sie sich nicht von ihrem Kinde trennt, sondern es stets mit sich trägt, obwohl es natürlich immer schwerer wird.

Ein französischer Missionar, der besonders die Gewohnheiten der Bantus in Mittelafrika studiert hat, verwunderte sich darüber, daß bei den Müttern nicht der Gedanke aufkam, sich von ihrem Kind zu trennen. Sie betrachteten sich beinahe als ein Leib mit ihm. Das Kind ist ein Teil seiner Mutter. Als er einmal einer feierlichen Königskrönung beiwohnte, sah dieser Missionar die Königin mit ihrem Kind auf dem Arm ankommen und es auch bei der Huldigung bei sich behalten. Er wunderte sich auch darüber, daß die Bantu-Frauen ihre Kinder so lange stillen konnten. Die Stillzeit dauerte bei ihnen fast immer zwei ganze Jahre. Sie dauert also genauso lange wie die Periode, der gegenwärtig unsere modernen Psychologen soviel Bedeutung zumessen.

Wir können diese natürlichen Zeugnisse wahrhaftig nicht als revolutionär betrachten. Wir sehen sie mit Bewunderung an und sind dazu geneigt, den ruhigen Charakter dieser Kinder, die nicht schwierig sind und keine »Probleme« aufwerfen wie unsere Kinder, jenen Sitten zuzuschreiben. Das ganze Geheimnis liegt in zwei Worten: Milch und Liebe.

Die weise Natur muß die Grundlage bilden, auf der eine noch vollkommenere *Supra-Natur* erbaut werden kann. Es ist sicher, daß der Fortschritt über die Natur *hinausgehen* und andere Formen annehmen muß: aber er kann nicht erfolgen, wenn man die Natur mit Füßen tritt.

Diese kurzen Andeutungen öffnen einen praktischen Weg für die allgemeine Ansicht, die in unsere wissenschaftliche Welt einzudringen beginnt: »Die Erziehung muß bei der Geburt beginnen.«

DIE ERZIEHUNGSPLÄNE IN IHRER REIHENFOLGE

Den aufeinanderfolgenden Persönlichkeitsphasen des Kindes müssen aufeinanderfolgende Erziehungspläne entsprechen.

Unsere Methoden sind nicht nach bestimmten Prinzipien ausgerichtet, sondern nach den Eigenarten der verschiedenen Altersstufen. Daraus ergibt sich die Notwendigkeit mehrerer Erziehungspläne.

Man könnte diese verschiedenen Entwicklungsstufen mit den *Metamorphosen* der Insekten vergleichen. Wenn das Insekt dem Ei entschlüpft, ist es ganz klein und hat eine bestimmte Form und bestimmte Farben. Dann formt es sich nach und nach um, wobei es ein Tier der gleichen Gattung bleibt und dieselben Bedürfnisse und Gewohnheiten behält. Es ist ein Individuum, das sich *entwickelt*. Aber eines Tages ereignet sich etwas Neues: Das Insekt spinnt einen Kokon und wird zu einer Puppe. Dann unterliegt diese ihrerseits einer neuen und langsamen Entwicklung. Schließlich verläßt das Insekt den Kokon in der Form eines Schmetterlings.

Wir könnten eine Parallele zwischen der Entwicklung des Insekts und der des Kindes ziehen. Da aber der Übergang zwischen den Entwicklungsstufen beim Kind nicht so klar begrenzt und ersichtlich ist wie beim Insekt, würde es entsprechender sein, wenn man vielmehr von »Wiedergeburten« spräche. In der Tat haben wir bei jeder neuen Stufe ein anderes Kind vor uns, dessen Merkmale sich von denen der vorausgegangenen Stufen unterscheiden.

1. Unser erster Erziehungsplan befaßt sich deshalb mit dem Kleinkind, von seiner Geburt angefangen bis etwa zum 7. Lebensjahr; und da sich in dieser so bedeutsamen Periode viele Umwandlungen vollziehen, haben wir folgende Unterteilungen vorgenommen:
a) Die ersten 2 Lebensjahre.
b) Von 3 bis 5 Jahren.
c) Das 6. und 7. Jahr.

2. In der Periode von 7 bis 12 Jahren, das heißt in derjenigen, die dem Jugendalter vorausgeht und die übrigens ebenso unterteilt werden kann, haben wir einen anderen Erziehungsplan, auf den wir noch zurückkommen werden. Wenn die Veränderungen der ersten Periode als ein Wachsen betrachtet werden können, dann kann man in der folgenden Periode von wahren Metamorphosen sprechen.

3. Von 12 bis 18 Jahren: Dasselbe könnte man von dieser Periode des Jugendalters sagen.
In jeder Periode finden wir ein wachsendes Wesen wieder, das aber jedesmal andersgeartet ist.
Im folgenden wollen wir die beiden letzten Erziehungspläne nacheinander betrachten, da der erste bereits behandelt worden ist.

Eine gedrängte Analyse kann auf die Veränderungen nur hinweisen; sie folgen aufeinander, ohne die Kontinuität zu unterbrechen: Das Kind wächst, bis es ein Erwachsener ist; und gerade diese Veränderungen sind für die Erziehungsmethode von größter Wichtigkeit.

Die Prinzipien, die während der ersten Periode nützlicherweise angewandt werden, sind nicht dieselben, die man während der zweiten Periode anwenden muß. Wir befinden uns damit im *praktischen Teil der Erziehung*.

Ein Beispiel: Wenn das kleine Kind das Lockerwerden eines Zahnes fühlt, so ist das ein Zeichen dafür, daß die erste Periode seiner Kindheit beendet ist. Die Erscheinung verläuft ohne große Beachtung in der Familie; wenn der Zahn zu locker wird, zieht man ihn einfach aus; diesem Ereignis wird dann eine gewisse Beachtung geschenkt: Man bewahrt den Zahn auf, und diese kleine Zeremonie stellt den Beginn eines neuen Lebensabschnittes des Kindes dar. Es dauert noch eine lange Zeit, bis alle Milchzähne ausfallen und das Kind seine neuen Zähne bekommt. Wenn es dagegen durch ein Unglück nötig wird, einen seiner neuen Zähne auszuziehen, dann wird es nicht mehr ein Seidenfaden sein, dessen man sich bedient. Es handelt sich vielmehr darum, ein festes und dauerhaftes Organ auszuziehen. Das ist nur ein Beispiel unter den vielen Manifestationen dieses Alters. Alle seine Charakteristika – sowohl physische als auch psychische – bilden die Glieder der Kette, die die Metamorphose des Kindes darstellt: Es ist nun gleichzeitig stärker und schlanker, seine Haare sind nicht mehr so hübsch; psychologisch gesehen, ist es nicht mehr so lieb und angenehm.

Die Metamorphosen

Von 7 bis 12 Jahren muß das Kind seinen Aktionsbereich erweitern. Wie wir schon gesehen haben, ent-
sprach dem Kleinkind als Umgebung ein eng ge-
schlossener Bereich; in ihm bildeten sich soziale Beziehungen. In der zweiten Periode braucht das Kind
für seine sozialen Erfahrungen notwendig einen aus-
gedehnten Bereich. Man kann seine Entwicklung
nicht fördern, wenn man es in seiner ersten Umgebung läßt.
Neben anderen Wirklichkeiten muß das Kind sich
etwa darüber klarwerden, was das Geld bedeuten
soll. Ohne Geld könnte es uns passieren, daß wir
mitten unter den wunderbarsten Dingen spazierten,
ohne jemals mit ihnen in Berührung kommen zu
können. Uns würde es wie einem Vogel ergehen,
dessen Schnabel gebrochen ist und der auf einem
Haufen Körner verhungern müßte.
Das Geld ist für den Menschen das Mittel zur Be-
schaffung der Dinge; daher beansprucht es ein großes Interesse. Man muß es als einen »Metallschlüs-
sel« betrachten, der die Türen zu einer »höheren
Welt« öffnet.
Deshalb müssen die Kinder eine persönliche Erfah-

rung damit machen, indem sie selbst Gegenstände kaufen und sich darüber klarwerden, was sie mit der Geldeinheit ihres Landes kaufen können.

Was kann man z. B. für eine DM kaufen? Und wenn ich beim Schreibwarenhändler für eine DM Papier gekauft habe, dann ist meine DM nicht verschwunden. Der Händler wird dafür wieder Dinge im Werte von einer DM kaufen. Es ist immer dieselbe DM, die von Hand zu Hand wandert und jedesmal einem Menschen etwas einbringt, das er braucht. Wieviel Ware konnte so schon eine DM kaufen, die vor fünfzehn Jahren geprägt wurde? Das Geld, mit dem wir so umgehen, ist immer das Ergebnis der Arbeit von Menschen; es sollte immer ein Mittel bleiben.

So muß das Kind zu einer größeren Gesellschaft in soziale Beziehungen treten. Die von der Welt abgeschlossene Schule, so wie sie heute verstanden wird, kann dem Kinde nicht mehr genügen. Etwas fehlt dort zur vollen Entfaltung seiner Personalität. Wir stellen bei ihm eine gewisse Rückentwicklung fest, Äußerungen seines Charakters, die wir als Anomalien bewerten: Es sind ganz einfach Reaktionen auf eine ihm unzureichend gewordene Umgebung; aber das sehen wir nicht. Es ist gang und gäbe, daß das Kind das tun soll, was der Erwachsene ihm vorschreibt, selbst wenn die Umgebung nicht mehr den Bedürfnissen des Kindes entspricht; zeigen sich dann aber Abwegigkeiten in seinem Charakter, dann sagen wir einfach, das Kind ist »böse«, und wir korrigieren es; aber meistens ignorieren wir den Grund dieser Unarten. Doch das Kind beweist durch seine Haltung nur, was wir soeben behauptet haben. Nur um sich seinem engen Bereich zu entziehen, geht das Kind nicht mehr willig zur Schule; es geht lieber Frösche fangen oder spielt auf der Straße. Diese Vorkommnisse, die so oberflächlich erscheinen, sind ein Beweis für das Bedürfnis des Kindes, die Grenzen seines Aktionsbereiches, in dem es sich bis jetzt entwickelt hat, zu erweitern.

»Gebt dem Kaiser, was des Kaisers ist, und Gott, was Gottes ist...« Ein Teil unseres Lebens gehört Gott, der andere dem Menschen. Von ihm hängt das Leben ab. Vom Milieu, dem wir angehören: vom sozialen Leben. Und wenn das Kind unter gewissen Bedingungen steht, die es begünstigen, dann zeigt es eine außergewöhnliche Aktivität. Seine Intelligenz überrascht uns, weil alle seine Funktionen gleichmäßig in Tätigkeit sind, ganz so wie es beim Menschen normal ist. Es handelt sich hier also nicht mehr nur darum, die Erziehungsmethoden zu ändern: Hier zeigt sich uns vielmehr ein Problem von Lebensbedeutung.

So nimmt z. B. das Spinngewebe einen viel größeren Raum ein als die Spinne selbst. Und dieses Gewebe stellt ihren Aktionsbereich dar, indem es die Insekten festhält, die mit ihm in Berührung kommen. Dieses Gewebe wird nach einem Plan gebaut: Ein von der Spinne abgesonderter Faden verbindet zwei Zweige, zwei Steine oder zwei sonstige Haltepunkte. Dann werden die Radialen gewebt. Und somit haben wir den Konstruktionsplan fertig. Zum Schluß webt die Spinne ihren Faden um den Mittelpunkt, indem sie in einer Entfernung kreist, die immer auf das genaueste berechnet ist. Wenn die beiden Haltepunkte nahe beieinanderliegen, wird das Netz klein sein. Je größer die Abstände voneinander sind, um so größer wird das Netz sein. Aber immer wird es nach einem genauen Plan gewebt sein, mit derselben Exaktheit.

In der gleichen Weise wie dieses Netz ist der Geist des Kindes nach einem genauen Plan strukturiert; und diese geistige Struktur ermöglicht dem Kinde zu erfassen, was sich in seinem Bereich ereignet, über seine anfängliche Fassungskraft hinaus.

Je nachdem, ob das Kind in einer einfachen oder komplizierten Umwelt lebt, wird sein Netz mehr oder weniger umfassend sein und ihm ermöglichen, mehr oder weniger Dinge zu erreichen.

Darum müssen wir diese Struktur und ihre Äußerungen wohl beachten, auch wenn sie uns manchmal nutzlos erscheinen. Diese Struktur ist notwendig. Denn dank ihrer erweitert das Kind seinen psychischen Bereich und folglich seine Aufnahmefähigkeit.

Die Schule als eine Einrichtung der Wissensvermittlung zu betrachten, ist ein Standpunkt; ein anderer besteht darin, die Schule als *eine Vorbereitung für das Leben* aufzufassen. Im letzteren Fall muß die Schule alle Lebensbedürfnisse befriedigen.

Eine Erziehung, die darin besteht, das Kind zu korri-

gieren oder es dahin zu bringen, daß es die Unterdrük-
kung seiner eigentlichen Existenz annimmt, ist eine
Erziehung, die das Kind in eine Anomalie hinein-
drängt.

Darum ist uns die Pfadfinderschaft, die den Kindern
außerhalb der Schule ein geordnetes Leben gebracht
hat, immer interessant erschienen.

Der Übergang zum zweiten Erziehungsplan ist ein
Übergang vom Sinnenhaften, Materiellen zum Abstrakten. Etwa mit 7 Jahren macht sich das Bedürfnis
zur Abstraktion und Intellektualität bemerkbar, während es bis zu diesem Alter für das Kind von Wichtigkeit war, Beziehungen zwischen den Dingen herzustellen, d. h. die äußere Welt mit Hilfe der Sinne zu
ordnen und zu absorbieren.

In diesem Alter vollzieht sich eine Entwicklung zur
intellektuellen und moralischen Seite hin.

Man kann zwischen den beiden Perioden Parallelen
ziehen; sie gehören aber dennoch verschiedenen Erzie-
hungsplänen an. Mit 7 Jahren zeichnet sich der Anfang
einer Orientierung an moralischen Fragen ab, an der
Beurteilung der Handlungen. Eines der eigenartigsten
Merkmale, die man beobachten kann, ist das Interesse,
das beim Kinde durch bestimmte Tatsachen angeregt
wird, die es bis dahin noch nicht wahrgenommen
hatte. So beschäftigt es sich jetzt stark damit zu wissen, ob das, was es tut, gut oder schlecht getan ist. Das
große Problem des Guten und Bösen tut sich vor ihm

auf. Diese intensive Beschäftigung ist verbunden mit einer ganz besonderen inneren Sensibilität: dem *Gewissen*. Und diese Sensibilität ist ein ganz natürliches Merkmal.

Die Periode von 7 bis 12 Jahren ist also eine Periode, die für die moralische Erziehung besonders wichtig ist ... Der Erwachsene muß sich der Entwicklung bewußt werden, die sich in dieser Zeit in der Seele des Kindes vollzieht, und muß ihm eine entsprechende Behandlung zuteil werden lassen.

Wenn die Lehrerin in der ersten Periode eine große Feinfühligkeit darin bezeigen mußte, daß sie möglichst wenig in die Aktivität des Kindes eingriff (einer überwiegend motorischen und sensitiven Aktivität), so muß sie jetzt ihre Feinfühligkeit auf das Moralische richten. Da liegt das Problem dieses Alters. Einfach zu denken, daß das moralische Problem sich erst später einstellt, bedeutet, die Umwandlung des Kindes zu vernachlässigen, die sich jetzt vollzieht. Später wird das moralische Problem viel schwieriger, wenn man dem Kinde nicht rechtzeitig in dieser sensiblen Periode geholfen hat. In jenem Falle wird die soziale Anpassung dornenreicher sein.

In diesem Alter bildet sich ebenso der Begriff der Gerechtigkeit gleichzeitig mit dem Verständnis für die Beziehungen zwischen den Handlungen und den Bedürfnissen der anderen. Man findet dieses Gerechtigkeitsgefühl, das dem Menschen so oft abgeht, im Laufe der Entwicklung des Kindes. Wenn man dieses Gerechtigkeitsgefühl nicht richtig erkennt, entsteht daraus eine falsche Vorstellung von Gerechtigkeit.

Die Gerechtigkeit, die gewöhnlich in der Schule und in der Familie angewandt wird, könnte man »zuteilende Gerechtigkeit« nennen, d. h. Gleichheit für alle, sowohl bei den Strafen als auch bei den Belohnungen. Eine besondere individuelle Behandlung würde hiernach als Ungerechtigkeit erscheinen, wie sich aus dem Begriff des Rechts ergibt. Darin liegt eine Bestätigung der Individualität im Sinne des Egoismus und der Isolierung; eine solche Auffassung begünstigt die innere Entwicklung nicht. Dagegen geht die Gerechtigkeit, wie man sie gewöhnlich nicht betrachtet, gerade aus der inneren Erziehung hervor. Das rein äußere Prinzip der distributiven Gerechtigkeit und des individuellen Rechtes zerstört das angeborene und natürliche Empfinden für die wahre Gerechtigkeit.

Der moralische Charakter des Kindes im Alter von 7 bis 12 Jahren

Die drei Merkmale, die wir oben entwickelt haben – das Bedürfnis des Kindes, aus seinem engen Bereich herauszukommen, der Übergang seines Geistes zur Abstraktion und das Entstehen des moralischen Bewußtseins –, dienen uns als Grundlage für den Erziehungsplan dieser zweiten Periode.

Wenn einmal der eingeengte Raum der Umgebung der ersten Periode verlassen ist, müssen wir die Kultur bringen und die sozialen Erfahrungen erweitern.

Gehen wir auf einige bedeutende Punkte näher ein und weisen wir nebenbei auf die Parallele hin, die zwischen dieser Periode und bestimmten Zügen der vorausgegangenen besteht.

In der Tat enthielt die erste Periode Tätigkeiten, die wir »Übungen des täglichen Lebens« genannt haben. Sie bedeuten eine Bemühung, die Grenzen zu erweitern, die nach unserer Meinung die mögliche Aktivität dieses Alters bestimmten. Und so hat das Kind, das diese Grenzen von sich aus zurückgedrängt hat, seine Unabhängigkeit gewonnen. Gerade das gibt diesen Gedulds-, Genauigkeits- und Wiederholungsübungen ihre ganze Bedeutung.

Die Fortführung dieser Übungen wird in dem Moment überflüssig, in dem das Kind unabhängig geworden ist; d. h., wenn es sich einer Beschäftigung hinzugeben vermag, für die es zuvor die Hilfe des Erwachsenen brauchte, und wenn es die Koordination seiner Bewegungen besitzt. Aber die Höflichkeitsformen, die man das Kind zum Kontakt mit den anderen gelehrt hat, müssen jetzt auf eine andere Ebene gebracht werden: Für das Kind muß sich z. B. die Frage der Hilfe für Schwache, Alte und Kranke erheben. Es handelt sich jetzt nicht mehr darum, sich in seinen Bewegungen zu üben: Der Zeitpunkt zur Einführung des Kindes in die moralischen Beziehungen ist gekommen, die das Gewissen wachrufen. Wenn es bis jetzt von großer Wichtigkeit war, beim Gehen niemanden anzustoßen, so ist es nun um so wichtiger, niemand zu beleidigen.

Wenn die Pfandfinderbewegung so erfolgreich war, so liegt es daran, daß sie moralische Grundsätze in eine Vereinigung von Kindern hineingetragen hat. Sie betonte unter anderem das, was man tun muß, und auch das, was man nicht tun darf. Und die Kinder in diesen Gruppen tun gewöhnlich nichts, was ihnen von der Pfadfinderschaft aus verboten ist. Darin liegt eine Anziehungskraft, die ein Ausgangspunkt ist: das Entstehen der Würde.

Diese Vereinigungen pflegen auch körperliche Übungen, z. B. lange Märsche; und die Kinder gewöhnen sich daran, sich einem Leben zu stellen, das ernster und härter ist.

Während das Kind früher die Süße des Lebens suchte, verlangt es jetzt danach, Schwierigkeiten zu begegnen. Aber zur Verwirklichung dieser Bemühungen braucht es ein Ziel: Hier liegt der Unterschied zwischen einem Lehrer, der seine Kinder spazierenführt, und einer Organisation dieser Art. Der erste führt sie – und das ist wahr – aus der hermetischen Abgeschlossenheit der Schule heraus, d. h., er bringt sie dazu, auf ihren Füßen zu gehen und mit ihren Sinnen die Umgebung zu sehen. Aber das hebt keineswegs die Würde des Kindes, das trotzdem in einem geschlossenen Kreis gehalten wird. Man könnte diese Spaziergänge ruhig verdoppeln, und nichts würde sich ändern, weil die Bindung der Kinder aneinander eine passive ist. Wenn dagegen dieselben Kinder mit einem fest umrissenen und frei angenommenen Ziel die Schule bewußt verlassen, dann ist das etwas ganz anderes.

Bei der Pfadfinderschaft handelt es sich um eine Vereinigung von Kindern, die um die Zugehörigkeit zu dieser Gemeinschaft gebeten haben. Und diese Gemeinschaft hat sich vor allem ein moralisches Ziel gesetzt, z. B. die Schwachen zu beschützen und sich auf einem bestimmten moralischen Niveau zu halten. Hier hat das Kind die Möglichkeit, das zu versprechen oder zu verweigern. Kein Lehrer zwingt es, dieser Gemeinschaft beizutreten, sondern aus Verpflichtung seinem Sippenführer gegenüber muß es Prinzipien gehorchen, wenn es an der Gemeinschaft teilnehmen will. Und in dem Erlebnis, sich in Gemeinschaft von

einzelnen wiederzufinden, die freiwillig die Grundsätze der Gemeinschaft angenommen haben, liegt ein
Zauber für diese Gemeinschaft, deren Grenzen keine
Zimmermauern bilden, sondern lediglich die Grenzen
der moralischen Ordnung.

Die Pfadfinder geben sich also eine Lebensregel, deren
Schwere und Härte weit über das hinausgehen, was
man Kindern dieses Alters glaubte auferlegen zu dürfen. So stellen die langen Wanderungen, die Nächte
unter freiem Himmel, die Verantwortung für die eigenen Handlungen, das Feuer, die Lager etc. ebenso
viele gemeinsame Anstrengungen dar. Die moralische
Grundlage macht eine Bindung des einzelnen notwendig: die Bindung des einzelnen an die Gemeinschaft.
Und das ist wesentlich.

Es ist das gleiche wie bei der ersten Periode: Wir
appellierten an die Zustimmung des Kindes, eine Lek-
tion zu erhalten. Was früher sinnenhaft war, ist abstrakt geworden.

Es gibt also in dieser zweiten Periode auch höhere
Möglichkeiten als die, die wir beim Kinde kannten; nur
sind diese Möglichkeiten nicht dem Befehl eines anderen untergeordnet, sondern dem Befehl des eigenen
Gewissens.

Die Bedürfnisse des Kindes
von 7 bis 12 Jahren

Was soll man nun praktisch mit einem siebenjährigen Kinde anfangen? Vergegenwärtigen wir uns zunächst immer das Bild, das wir oben entworfen haben und das es uns ermöglichen muß, dieses Kind zu verstehen, ihm bei seinen Wünschen zu helfen – die es zwar nicht ausdrückt, die wir aber gefunden haben. Dieses Verständnis muß am Anfang stehen. Wir müssen Sympathie empfinden mit diesem kleinen Jungen oder dem kleinen Mädchen, die sich geändert haben, sowohl äußerlich (in der Art der Kleidung, der Frisur etc.) als auch im Innern ihrer Person. Sie sind starke Wesen geworden, Wesen, die eine neue Welt betreten, die Welt des Abstrakten. Das ist eine reiche Welt, in der sie sich mehr für die menschlichen Handlungen interessieren werden als für die Dinge. Das Kind kommt daher und beurteilt; das ist neu an ihm. Während es sich bis dahin nur für Dinge interessiert (das Blumenwasser, das es erneuerte; seine kleinen Fische, die es pflegte etc...), beschäftigt es sich jetzt vornehmlich mit dem Wie und Warum. Alles, was es bis jetzt sinnenhaft anzog, interessiert es jetzt unter einem anderen Gesichtspunkt: Es sucht nach dem, was man tun muß, dies bedeutet, daß es geboren wird für das Problem von Ursache und Wirkung.

Aber dieses Wesen, das ganz neu dieser Welt geboren wurde, ist für den Erwachsenen ein wenig lästig; daher wird ohne eine neue pädagogische Anweisung ein neuer Konflikt zwischen ihm und dem neuen Kind entstehen. Der Erwachsene wird es müde, auf das endlose Fragen zu antworten, und beendet es, indem er entweder das Kind bittet, still zu sein, oder ihm zu lange Erklärungen gibt. Er geht wieder mit ihm um, wie er mit dem Kleinkind umging, als es anfing, sich zu bewegen: Er bat es, ruhig zu sein, oder ließ es ohne Unterscheidung sich austoben und machen, was es wollte. Dasselbe Mißverständnis wiederholt sich auf der geistigen Ebene. Bei allen seinen Neugeburten muß sich das Kind einer neuen Auseinandersetzung stellen. Jedesmal, wenn das Kind eine neue, doch wertvolle Aktivität zeigt, wütet ein neues Unverständnis; dagegen müßte der Erwachsene ihm helfen, indem er ihm eine Umwelt schafft, die seiner neuen Entwicklungsstufe entspricht. So wie man dem Kleinkind helfen muß, seine ersten Schritte in dieser Welt zu tun, so müssen wir dem Kinde helfen, die ersten Schritte in der Welt des Abstrakten zu machen.

Die Erziehung muß dem Kinde ein Führer sein in dieser dem Leben und der Schule gegenüber kritischer eingestellten Periode. Auch muß man dem Lehrer seine Grenzen klarmachen, so wie wir sie ihm bezüglich des Kleinkindes errichtet haben. Beim Kleinkind mußte er »seine Worte zählen«. Jetzt muß er sicher sein in dem, was er tut und was er sagt, und er muß das Maß besitzen für seine Antworten auf die Fragen. Der Lehrer muß ein klares Bewußtsein davon haben, daß es seine Aufgabe ist, wenig zu sagen, nur die Wahrheit, aber nicht die ganze Wahrheit. Auch jetzt muß er »das Notwendige und Ausreichende« sagen. Es ist für das Kind unerläßlich, die Sicherheit des Erwachsenen zu spüren.

In allen Perioden seines Lebens ist es für das Kind wesentlich, über Möglichkeiten eigener Aktivität zu verfügen, um sich ein Gleichgewicht zwischen Denken und Tun zu erhalten. Sein Denken hat in der Tat die Tendenz, sich durch sein endloses, schlußfolgerndes Denken im Abstrakten zu verlieren, gleich wie sich das Kleinkind mit seiner Phantasie in der Welt des Phantastischen verlieren würde. Wir gaben dem Kleinkind bestimmte Gegenstände in einer vorbereiteten Umgebung. Durch seine eigene Anstrengung erwarb es sich darin seine Unabhängigkeit, und seine Aktivität gab ihm seine Würde. Es gewann sich durch eigene Erfahrungen genaue Antworten. *Die Rolle der Erziehung besteht darin, das Kind tief zu interessieren an einer äußeren Aktivität, an die es sich mit all seinen Fähigkeiten hingibt.* Es handelt sich darum, ihm Freiheit und Unabhängigkeit zu geben, indem man es für eine Wirklichkeit interessiert, die es dann durch seine Aktivität entdeckt. Das ist für das Kind das Mittel, sich vom Erwachsenen zu befreien.

Untersuchen wir nun auch die Grundbedürfnisse des

siebenjährigen Kindes: Etwas hat sich in diesem Kinde körperlich geändert, zunächst die Zähne und die Haare. Bringen wir ihm die Pflege der Zähne und der Haare bei. Außerdem haben sich die Füße und Beine geändert: Das siebenjährige Kind hat kräftige Beine, und es versucht, seinem engen Bereich zu entlaufen. Anstatt ihm die Türen zu verschließen, geben wir ihm die Möglichkeit zur Entwicklung guter Füße. Früher machte der Mensch lange Wanderungen; die dem Pilger entgegengebrachte Gastfreundschaft bestand zunächst darin, ihm die Füße zu pflegen, noch bevor man ihm zu essen anbot. Lassen wir uns unsere Einbildungskraft anregen von dieser fundamentalen Grundlage der Menschheitsgeschichte. Gabriele d'Annunzio hat folgende symbolische Worte gesagt: »Ich küsse deine Füße, die schreiten . . .«

Wenn also dieses Kind den Wunsch äußert, das Haus einmal zu verlassen, dann machen wir es doch etwas feierlich auf seine Füße aufmerksam. Ehe es fortgeht, wird es sich um so mehr dessen bewußt, was es zu tun im Begriff ist. Wir lenken die Aufmerksamkeit des Kindes auf diesen Teil seines Leibes, der das Kind einen Fehltritt begehen lassen kann. Wir leiten es so an, daran zu denken, daß es auf seine Füße achthaben muß beim Gehen, sowohl im übertragenen als auch im wörtlichen Sinn. Alle diese Tätigkeiten müssen auf einer höheren Ebene ins Auge gefaßt werden, d. h., daß wir jetzt das Kind im Bereich des Abstrakten erziehen müssen.

Edel ist der Fuß, und edel ist das Gehen. Und dank seiner Füße kann das Kind, das schon laufen kann, die Außenwelt um bestimmte Antworten auf seine geheimen Fragen bitten.

Aber um auszugehen, muß man sich darauf vorbereiten. Das Kind auf der Flucht öffnet die Tür und springt einfach fort; indem wir es über die Notwendigkeit der Vorbereitung unterrichten, zwingen wir es zum Nachdenken. Es begreift, wenn »Fortgehen« eine eigene Aktion ist, daß dieses die Erwerbung von Kenntnissen und Dingen voraussetzt.

Die Beschäftigung mit diesen Dingen bringt eine Reihe von praktischen Übungen mit. Während für das ganz kleine Kind die Sorge für die Kleidung rein im Ästhetischen blieb, erhält die Kleidung beim Siebenjährigen eine Bedeutung, die in unmittelbarem Zusammenhang mit dem Ziel steht, auf das es zustrebt.

Zunächst handelt es sich darum, das Fortgehen zu vereinfachen. Man darf darum nur so wenig wie möglich mitnehmen, und folglich muß man »auswählen«. Diese intensiven, materiellen Beschäftigungen löschen den Gedanken der Flucht aus. Aber da der Trieb des Flüggewerdens nun einmal existiert, so regt gerade dieser Trieb eine sehr lebendige Aufmerksamkeit auf die Vorbereitungen an. Vom Faden in der Nadel ergibt sich die Antwort, und das Nachdenken gelangt von der Ursache zu den Wirkungen.

Die Lehrerin darf niemals vergessen, daß das angestrebte Ziel nicht das augenblickliche Ziel ist – der

Ausflug –, sondern daß das eigentliche Ziel darin besteht, das geistige Wesen, das sie erzieht, fähig zu machen, seinen Weg ganz allein zu finden.

Um die Wichtigkeit dieser Übungen zu verstehen, die soziale Erfahrungen ermöglichen sollen, darf man sich nicht damit zufriedengeben, das Ausgehen der Kinder als eine einfache hygienische Übung anzusehen. Es ist dazu bestimmt, das Kind sein Erlerntes leben zu lassen. Nur so dringt es in dessen Wirklichkeit ein. Das nennen wir die Erfahrung.

Das Kind, das in seine Grenzen eingeschlossen ist, selbst wenn diese weit gezogen sind, bleibt unfähig, sich zu vervollkommnen; es wird nicht dazu kommen, sich der Außenwelt anzupassen. Damit es schnell Fortschritte macht, müssen sich das praktische und soziale Leben tief mit seiner Bildung verbinden. Man wendet allgemein ein, daß das Kind schon zu viel zu tun hat, um auch noch Übungen praktischer Natur in seinen Tagesablauf einzufügen. Das ist ein Irrtum. Denn es ist viel ermüdender, nur die Hälfte der Anlagen zu gebrauchen, mit denen die Natur uns ausgestattet hat. So, als wenn man nur auf einem Bein ginge unter dem Vorwand, daß es doppelte Arbeit wäre, sich beider Beine zu bedienen. Denn die Bildung und die soziale Erfahrung müssen sich gleichzeitig gewinnen lassen.

Der Ausflug, dessen Ziel nicht nur hygienischer oder praktischer Art ist, sondern der eine Erfahrung leben läßt, wird dem Kinde die Wirklichkeit ins Bewußtsein heben. So muß die Lehrerin es denn einrichten, daß sich die moralischen Belehrungen für das Leben auf Grund der sozialen Erfahrungen ergeben.

Die Moral hat gleichzeitig eine praktische Seite, die die sozialen Beziehungen regelt, und eine geistige Seite, die das erwachende Gewissen des Individuums leitet.

Es ist schwer, diese sozialen Bezüge Wirklichkeit werden zu lassen, solange man nur die Einbildungskraft spielen läßt; man muß die Beziehungen praktizieren. Man kann das Gewissen nicht durch Reden wachrufen. Das Kind muß seine eigenen Tätigkeiten ständig überwachen. Die Erziehung hat also die Möglichkeit, das Problem spielend zu lösen, wenn sie danach trachtet, es durch Handeln zu lösen.

Da man nicht nur mit den Füßen geht, muß man auch den Gang erleichtern, ihn unbeschwert halten und ihn fähig machen, sich überall fortzubewegen. Vergessen wir nicht, daß diese Anstrengungen, die auf ein wahrnehmbares Ziel gerichtet sein sollen, dazu bestimmt sind, eine Nachwirkung auf die Erkenntnis der Welt zu haben.

Wenn wir einen Gipfel ersteigen wollen und wir uns nur damit beschäftigen würden, sorgfältig den einen Fuß vor den anderen zu setzen, so würde die Müdigkeit uns schnell überwältigen; wir würden unser Ziel nicht erreichen. Aber wenn wir in einer Gruppe wandern und wenn wir uns gemeinsam beim Wandern auf die herrliche Aussicht freuen, die wir von oben entdecken werden, dann erreichen wir ohne Müdig-

keit den Gipfel, und wir ernten Freude und Gesundheit: Wir sind uns moralisch unserer Kraft bewußt
geworden.

Dieses Sich-Bewußtwerden erzeugt keine Müdigkeit.
Gebt dem Kinde das Gefühl für seine eigene Würde,
und es wird sich frei fühlen, und seine Arbeit wird es
nicht mehr belasten.

In Holland fahren schon die fünfjährigen Kinder mit
dem Fahrrad. Auch das Schwimmen müßte man sie
lehren. Wenn man anfängt, das Haus zu verlassen,
muß man wohl an seinen persönlichen Schutz denken.
Es ist nötig, sich abzuhärten, sich zu rüsten und neue
Geschicklichkeiten zu erwerben. Auch muß man lernen, seine Kleider zu pflegen, zu sehen, ob alles in
Ordnung ist, zu lernen, Knöpfe anzunähen, Flecken
zu beseitigen usw . . . Zu diesem Zweck haben wir ein
Material bereitgestellt, das verschiedene Woll-, Sei-
den-, Linnen- und Baumwollstoffe usw. enthält. Diese
Stoffe haben wir auf verschiedene Art befleckt. Die
Kinder sind an dieser Übung sehr interessiert. Die
Großen werden dabei nicht nur lernen, all das zu
machen, sondern sie werden auch begreifen, daß man
zum Ausgehen ganz ordentlich sein muß.

Ein Mensch, der sich daran gewöhnt hat, auf seiner
Kleidung keinen Fleck zu dulden, wird sie sofort reini-
gen, sobald sie beschmutzt ist. Dafür besteht eine
besondere Sensibilität, und es handelt sich darum,
diese zu entwickeln. Ein so erzogenes Kind weiß sofort
denjenigen herauszufinden, der diese Sensibilität be-

sitzt; das erzeugt in ihm die Sorge, sich zu korrigieren und seine eigene Person ständig zu kontrollieren. Es duldet weder eine Spur von Unordnung an sich, noch will es da, wo es sich aufgehalten hat, eine Spur von Unordnung zurücklassen.

Eine andere nützliche Übung ist das Packen von Paketen. Um ein Paket gut zu packen, muß man zunächst Maß nehmen und methodisch vorgehen. Auch muß man dasjenige vorbereiten und einpacken können, was für ein Picknick im Freien notwendig ist (Teller, Gläser, Bestecke usw.).

Für ein Kind, das ausgeht, ist es ebenfalls sehr wichtig, sich auf dem Lande orientieren zu können, den Stand der Sonne und die Himmelsrichtungen zu erkennen, die Tageszeit zu bestimmen usw... Bringen wir z. B. das Kind zu der Beobachtung, daß das Moos nur die Nordseite der Bäume bewächst. Helfen wir dem Kinde dabei, das Wetter nach der Bewölkung vorherzubestimmen und die Windrichtung zu beobachten. All das erweckt die Aufmerksamkeit und begründet echte Kenntnisse. Wenn die Kinder anfangen, sich dafür zu interessieren, so erzählen sie auch den jüngeren davon und geben ihnen von ihrem eigenen Reichtum. Wenn die älteren Kinder wandern, bringen sie Kultur und Zivilisation, d. h. Fortschritt, mit nach Hause. Um sie herum entsteht eine gehobene Atmosphäre.

All diese Tätigkeiten sind ein Symbol des Lebens. Und da das Leben draußen anders ist als das Leben im umhegten Raum, so braucht man dafür einen Führer

und ein Ziel. Mit einem Wort, um aufbrechen zu können, muß man darauf vorbereitet sein.

Wenn wir für die zweite Periode dieselbe Konzeption
hätten wie für die erste, ließen wir das Kind aufbrechen
und gehen, wohin es wollte. Es würde sich zunächst
einmal verlaufen.

Vorher war die vollkommene Lehrerin diejenige, welche sich zurückhielt und das Kind handeln ließ. Diese
Art könnte man jetzt nicht mehr anwenden. Denn nun
führt das Kind zwei parallele Leben: sein Leben zu
Hause und sein Leben in der Gesellschaft. Das ist eine
neue Tatsache. Die Pfadfinder geben uns da nützliche
Hinweise: Wenn sie aufs Land oder in die Wälder
gehen, betreiben sie Geschicklichkeitsübungen. Auch
die praktische Erfahrung ist für dieses Alter sehr nütz-
lich: Um die Stelle ihres Abmarsches zu bestimmen,
beobachten diese Jungen z. B. Zeichen, die einige Vor-
ausgehende auf dem Wege für sie zurückgelassen haben. Diese Zeichen helfen ihnen, den Weg zu finden.
Oder die Gruppen, die einander in Abständen folgen,
lernen die Richtung, die sie selbst nehmen müssen,
durch den Hinweis eines aufgestellten Gegenstandes,
der als Signal angesehen wird, erkennen. Das ist eine
aktive Übung, die die Kinder daran gewöhnt, zu beobachten und zu suchen. Diese Methode unterscheidet
sich vollständig von der, bei der das Kind beim Spaziergang an der Hand geführt wird.

Eine andere Tätigkeit der Pfadfinder besteht darin,
Tierspuren zu erforschen. Die kleinen Kinder leiteten

wir an, die kleinsten Einzelheiten der Umgebung zu beachten. Dadurch lernten sie, sich geschickt zu bewegen, die Gegenstände zu berühren, ohne sie fallen zu lassen, ohne sie zu zerbrechen usw... In der gleichen Weise soll das Kind jetzt alles im Universum, das das weiter entwickelte Kind zur Entfaltung bringen soll, beobachten. Die Wahl dieser Übung hängt mit seinem Alter zusammen. Das Physische soll bei dieser Wahl den Vorrang haben. So werden auch die Bewegungsübungen mehr vom Alter des Kindes bestimmt als von seiner Intelligenz.

Ein Beispiel: Ein junges Kind einer holländischen Schule konnte den Pythagoras-Satz lösen; das entspricht den Kenntnissen von bedeutend älteren Kindern. Aber als es eines Tages von seiner Lehrerin gebeten wurde, mit Kameraden seines Alters abgebrannte Streichhölzer aufzulesen, die es auf dem Waldboden finden würde, verhielt es sich nicht anders als die anderen Kinder. Genauso wie sie war es nur besorgt, denjenigen herauszufinden, der die meisten finden würde, ohne sich um die Erklärungen zu kümmern, die die Lehrerin außerdem gab. Diese seine Sorge war ein Zeichen seines Alters. Ein kleines Kind interessiert sich noch für diese kleinen Dinge, während seine Intelligenz schon fähig ist, zu weit fortgeschritteneren Beschäftigungen überzuspringen. Man kann sagen, daß ein Kind, das sich schon in den intellektuellen Bereich aufschwingen kann, im praktischen Bereich doch an sein Alter gebunden bleibt.

Der Übergang zur Abstraktion –
Die Rolle der Einbildungskraft oder
Der Aufbruch, Schlüssel zur Bildung

Wenn man die Vorbereitung der Kinder zum Verlassen des umhegten Raumes, in dem sie bis sieben Jahren erzogen wurden, ins Auge faßt, so tut sich dem Geiste ein weites Feld auf. Das Verlassen eines Zimmers oder eines Klassenraumes mit dem Ziel, sich in die äußere Welt zu begeben, die alle Dinge in sich enthält, bedeutet natürlich, der Unterweisung ein gewaltiges Tor zu öffnen. Es ist ein Ereignis, das in der Geschichte der Pädagogik mit dem Erscheinen des Buches von Comenius »Orbis Sensualium pictus« verglichen werden kann.

Vor Comenius vermittelte man ein beschränktes Wissen allein durch das Wort. Comenius kam auf den Gedanken – und es scheint dies der erste Stein zu einer neuen Erziehungsmethode gewesen zu sein –, die Welt durch Bilder zu vermitteln. Das Wissen um sie mußte so gewaltig vermehrt werden.

Er schuf ein Buch mit Zeichnungen, die die ganze Welt darstellten: Pflanzen, Tiere, Steine, Menschenrassen, geographische Karten, historische Ereignisse, Gewerbe, Handel, Medizin, Hygiene, Reproduktionen der ersten Maschinen, die Art, in der sie funktionierten usw . . . Jeder Begriff war durch eine Zeichnung dargestellt und durch einige Worte erläutert. Es schien leicht, alles zu umfassen durch die Betrachtung der Zeichnungen des Buches. Es war wahrhaftig das erste Beispiel dessen, was später die Enzyklopädien darstellten, mit dem einen Unterschied, daß die Enzyklopädien zum Wort zurückkehrten, während der »Orbis Sensualium pictus« nahezu einzigartig in der Geschichte der Pädagogik geblieben ist.

Trotzdem blieb diese Idee bestehen, und man hat angefangen, mittels sinnhafter Gegenstände zu unterrichten. Aber wie Ideen schwächer werden, wenn sie allgemein verbreitet werden, so hat die Lehrerin an Stelle der von Comenius vorgetragenen Kenntnisse – er wußte alles – und an seiner Statt nur ihre ärmlichen Kenntnisse, in Bilder übertragen, vermittelt.

Dann kam man auf den Gedanken, daß die zweidimensionale Darstellung für das Verständnis des Kindes nicht ausreichte. Man bot ihm daraufhin dieses wenige an Wissen in natura an. Aber wegen der Schwierigkeit, sich die Dinge zu verschaffen und sie zu erhalten, wurden sie in eine Sammlung eingeschlossen. Jede moderne Schule, die etwas auf sich hält, muß ihre Sammlung haben. Und da hatte man zu den eingeschlossenen Kindern eingeschlossene Dinge. Um das Kind, das das Bedürfnis hat, die Dinge zu sehen, um sie zu begreifen, herrscht eine schwere und niederdrückende Atmosphäre, passend zu der Unterschät-

zung der kindlichen Intelligenz durch den Erwachsenen. Die Macht der kindlichen Intelligenz bleibt unbeachtet. Wir, denen das Kind diese Macht seiner Intelligenz offenbart hat, möchten die eigentliche Idee von
Comenius wieder aufgreifen, indem wir den Kindern
die Welt selbst darbieten.

Wenn das Kind wandert, bietet sich ihm die Welt selbst
dar. Veranlassen wir das Kind zu wandern, zeigen wir
ihm die Dinge in ihrer Wirklichkeit, anstatt Gegenstände anzufertigen, die Begriffe darstellen, und sie in
einen Schrank einzuschließen.

In ihrem Gesamt wiederholt die Welt mehr oder weniger immer dieselben Grundbegriffe. Wenn man z. B.
das Leben der Pflanzen oder der Insekten in der Natur
studiert, hat man mehr oder weniger eine Vorstellung
vom Leben der Pflanzen und der Insekten in der ganzen Welt. Niemand kennt *alle* Pflanzen. Es genügt, eine
Kiefer zu sehen, um sich vorzustellen, wie alle andern
Kiefern leben. Sind wir in die verschiedenen Lebens-
funktionen der Insekten, die wir auf dem Lande sehen,
eingeweiht, dann können wir uns vom Leben aller
anderen Insekten eine Vorstellung machen. Niemand
hat jemals alle Insekten des Universums vor seinen
Augen gehabt; aber die Welt als ganze läßt sich geisti-
gerweise vermittels der Vorstellung erfassen. Man studiert die Wirklichkeit des Details, und dann stellt man
sich das Ganze vor. Dieses Detail kann in der Vorstellungskraft wachsen und die Erkenntnis des Ganzen bewirken. So die Dinge zu studieren, ist gewissermaßen

eine Meditation über das Detail. Das bedeutet, daß man in einem Individuum die Personalität mit Hilfe eines Teils der Natur vertieft.

Ist es nötig, wenn man auf einen Fluß oder einen See stößt, alle Flüsse und Seen der Welt zu sehen, um zu wissen, was das ist? Die Vorstellungskraft kann sich danach die Welt vorstellen. Eine Maschine, ein Angler, ein Mensch, der arbeitet – alles das sind Details, die das Wissen bilden. Da haben wir eine Methode einer universalen Bildung. Offensichtlich bringen vor allem der Besitz realer Dinge und ein wirklicher Kontakt mit ihnen ein wirkliches Ganzes der Bildung mit sich. Die durch sie erzeugte Inspiration belebt die Intelligenz, die Interesse und Wissensdrang zeigte. Aus all diesen gesehenen Dingen entstehen intellektuelle Interessen (die Klimata, die Winde usw . . .); der Unterricht wird lebendig. Anstatt illustriert zu werden, wird er verlebendigt. Mit einem Wort, der Aufbruch ist ein neuer Schlüssel zur Intensivierung der Bildung, die gewöhnlich in der Schule vermittelt wird.

Keine Beschreibung, kein Bild, kein Buch kann das wirkliche Sehen der Bäume mit dem ganzen Leben, das sich um sie herum in einem Wald abspielt, ersetzen. Die Bäume strömen etwas aus, was zur Seele spricht, etwas, was kein Buch und kein Museum vermitteln könnten. Der Wald, den man sieht, offenbart, daß es darin nicht nur Bäume gibt, sondern eine Gesamtheit von Lebewesen. Und diese Erde, dieses Klima, diese kosmische Macht sind für alle diese Lebewesen not-

wendig, damit sie sich entwickeln können. Die Myria-
den von Lebewesen rings um diese Bäume und diese
Majestät und Mannigfaltigkeit sind Dinge, die man
aufsuchen muß und die niemand mit in die Schule
bringen kann.

So oft wird die Seele des Menschen – besonders die des
Kindes – dessen beraubt, weil man sie nicht mit der
Natur in Berührung bringt. Und wenn man darauf
bedacht ist, diesen Kontakt herzustellen, dann ist es
nur wegen der Hygiene. Wie kann ein Kind den Unterschied zwischen der Natur am Tag und der des Nachts
beschreiben, wenn es in unserer Epoche sich unaus-
weichlich schlafen legen muß, wenn es Abend wird?

Aus dem Munde eines achtjährigen Kindes hörte ich
einmal einen Satz, der mich tief beeindruckt hat: »Ich
würde wer weiß was geben, um abends einmal die
Sterne sehen zu können« . . .

Es hatte darüber in seiner Gegenwart sprechen hören,
aber es hatte sie nie gesehen. Seine Eltern glaubten,
daß das Kind unter keinen Umständen einmal einen
Abend aufbleiben dürfte. Diese ganze Hygiene, die
sich auf die physische Person konzentriert, hat die
Welt neuropathisch gemacht. Man stellt tatsächlich
trotz des hygienischen Fortschritts, der die physische
Person stärkt, eine Schwächung der Nervenkraft fest.
Wenn die Spannkraft beim Erwachsenen anomal geworden ist, dann beruht das auf einer falschen Vorstellung vom Leben. Alle diese Vorurteile schaffen dem
intellektuellen Leben des Kindes ebenso viele Hinder-

nisse. Welches Übel kann daraus entstehen, ein Kind einmal später aufstehen zu lassen, wenn man es ausnahmsweise einmal später schlafengehen läßt, um ihm die Möglichkeit zu geben, sein Interesse an der Entdekkung der Sterne oder den Geräuschen der Nacht zu befriedigen? Der Geist des Kindes befindet sich in diesem Alter auf einer abstrakten Ebene. Das Kind begnügt sich nicht mehr damit, die Tatsachen zu sammeln. Es sucht nach ihren Ursachen. Man muß diesen seelischen Zustand nutzen, der es ermöglicht, die Dinge in ihrer Ganzheit ins Auge zu fassen und festzustellen, daß alles im Universum miteinander verbunden ist. Wenn das Kind die Ursachen der gesamten Wirkzusammenhänge sucht, dann kann die Welt, die es vor sich hat, auf dieses normale Bedürfnis eine Antwort geben.

Die Darbietung des Ganzen ist schwerer als die Darbietung der Details. Es genügt ebenfalls nicht, daß die Lehrerin sich darauf beschränkt, das Kind zu lieben und es zu verstehen. Sie muß zunächst das Universum lieben und verstehen. Deshalb muß sie sich selbst vorbereiten und arbeiten. Dabei steht das Kind immer im Mittelpunkt. Aber die Lehrerin soll jetzt den Teil des Kindes, der sich in der abstrakten Welt befindet, ansprechen. Als das Kind ganz klein war, genügte es, es mit seinem Namen anzurufen, damit es sich umdrehe. Jetzt muß der Anruf an seine Seele gehen. Darum genügt es nicht mehr, es anzusprechen: Man muß das Interesse in ihm wachrufen. Was es lernt, muß interessant und faszinierend sein. Man muß Großes bringen: Am Anfang wollen wir ihm die ganze Welt geben.

In der Genesis steht geschrieben: »Gott schuf Himmel und Erde.« Das ist sehr einfach, und es ist erhaben. Auch bleibt die Seele wach. Die geringsten Details werden interessant, wenn sie als Teil eines Ganzen dargestellt werden; das Interesse wächst um so mehr, je mehr man von den Details weiß. Übrigens dürfen die Kenntnisse, die man jetzt bringt, nicht mehr auf derselben Ebene liegen. Sie dürfen nicht mehr rein sinnenhaft sein: Das Kind muß jetzt immer seine Phantasie zu Hilfe nehmen. Die Phantasie ist die große Macht dieses Alters. Und da wir ihm nicht das Ganze bringen können, muß das Kind sich das Ganze in der Phantasie vorstellen. Die Unterweisung der Kinder von 7–12 Jahren muß sich an ihre Phantasie wenden. Durch die Phantasie sollte das Bild der Wirklichkeit entstehen. Man muß deshalb äußerst präzise und exakt sein: Die Exaktheit, wie die Zahl und wie alles, was Mathematik ist, wird dazu dienen, die Darstellung der Wirklichkeit aufzubauen. Was wirkt nun auf die Phantasie ein! Vor allem das Große und dann das Geheimnis. Die Phantasie kann das Ganze rekonstruieren, wenn sie das wirkliche Detail kennt.

Die Phantasie ist dem Menschen nicht zum bloßen Vergnügen an Wundern gegeben, genausowenig wie die vier gemeinsamen Merkmale aller Menschen (Sprache, Religion, Totenkult und Kunst) ihnen gegeben wurden, um nur aus der Kontemplation zu leben. Die

Vorstellungskraft wird nur dann groß, wenn der Mensch sich dank seines Mutes und seiner Bemühungen ihrer bedient, um etwas zu schaffen. Sonst wendet sie sich nur an einen im Leeren umherschweifenden Geist.

Die Welt ist gespickt mit Hindernissen. Aber das geistige Leben gibt dem Menschen die Kraft, sie zu überwinden, um seine Aufgabe zu erfüllen. So ist die Vaterlandsliebe auf die Phantasie gegründet. Ist nicht gerade sie es, die uns das Wissen um unser Land und unsere Mitbürger vermittelt? Unser Kampf zugunsten der Kinder bedarf ebenfalls der Phantasie. Denn wir selbst kennen persönlich nur wenige Kinder.

Dennoch gibt es dieses Vaterland, diese Kinder und was wir uns vorstellen, und wir wissen, daß es sie gibt.

Wer nicht diese Welt der Phantasie besitzt, ist nur ein armes Wesen. Aber das Kind, das zuviel Phantasie hat, ist ein unruhiges Wesen. Wir wissen es kaum zu beruhigen. Sagen wir doch nicht: »Wir wollen die Phantasie des kindlichen Geistes unterdrücken«, sondern sagen wir: »*Die Phantasie genügt seinem Geiste nicht.*«

Man muß auch die andere Seite seiner Intelligenz pflegen, nämlich jene der Beziehungen zur äußeren Welt: seine Aktivität. Dadurch werden wir es an Zucht gewöhnen.

Die Vorstellungskraft des Kindes ist verschwommen, ungenau und unbegrenzt. Aber sobald es sich mit der äußeren Welt in Kontakt befindet, *ist es auf Genauigkeit angewiesen.* Und dieses Bedürfnis ist von der Art, daß der Erwachsene es ihm nicht hätte einprägen können. Es lebt also machtvoll in ihm. Wenn man das Interesse des Kindes auf der Grundlage der Wirklichkeit wachruft, dann wird sogleich der Wunsch wach, mehr von ihr zu erfahren. Dann kann man genaue Bestimmungen bringen; und die Kinder geben diesem Wunsche nach Bestimmungen auf ihre Art Ausdruck. Wir hatten z. B. in einer unserer Schulen einen kleinen Jungen von sieben Jahren, der sich den Rhein zum Studium gewählt hatte. Die Lehrerin hatte eine Karte dieses Flusses mit seinen Nebenflüssen aufgehängt. Das Kind gab sich aber damit nicht zufrieden. Es wollte die maßstäbliche Länge aller Nebenflüsse kennenlernen. (Und siehe da, es war die Idee der Mathematik erweckt.) Um seine Karte besser anfertigen zu können, benutzte es Millimeterpapier. So entstanden gleichzeitig in ihm der Sinn für Proportionen und das Interesse am Studium. Nach seinem eigenen Willen blieb es länger als zwei Monate bei dieser Arbeit. Und es war nicht eher zufrieden, bis es sie peinlich genau beendet hatte. Seine Befriedigung rührte daher, daß es es fertiggebracht hatte, die Idee mit mathematischen Mitteln auszudrükken.

Ziehen wir eine Parallele zu den kleinen Kindern, die die Dinge mit einer immer leichteren Hand befühlten. Diese Übung schien etwas in ihrem Innern zu befriedigen. Jetzt ist es eine Befriedigung auf der Ebene der

Vorstellungskraft, während wir damals auf der Ebene des Tatsinns handelten. So treffen sich auf verschiedenen Ebenen parallele Phänomene. Das heißt, als wir beim kleinen Kinde ein Interesse wachriefen, war die Antwort kindlich. Immer nur, wenn das Interesse geweckt ist, kann sich die Kultur wirklich entwickeln. Um dies Erwachen auszulösen, genügt schon ein Detail in der Physik oder in der Chemie. Daraus ergibt sich eine Fülle von Übungen und Bestimmungen, die eine exakte und in die Tiefe gehende Bildung vermitteln.

Die Vorstellungskraft ist sogar die Grundlage des Geistes. Sie hebt die Dinge auf eine höhere Ebene, auf die Ebene der Abstraktion. Aber die Vorstellungskraft braucht eine Stütze. Sie muß aufgebaut und organisiert werden. Allein der Mensch kann dieses gehobene Niveau erreichen; denn er stößt bis zum Unendlichen vor.

Daraus folgt eine Art Studienplan, der sich so umreißen läßt: *Das Ganze geben, indem man das Detail gleichsam gibt*, als Mittel. Wenn wir das Studium der Lebewesen betrachten, so ist es also wichtig, zunächst eine Klassifizierung aufzustellen. Wohl zu Unrecht hat man sie zu unterdrücken gesucht. Sie schien zu trocken und schwer, während sie – genau betrachtet – den Schlüssel zum Studium des Ganzen bietet. Die Klassifizierung dient nicht nur zum Verständnis, sondern auch als Gedächtnisstütze. Sie bildet also eine Basis, die man erst legen muß.

Die Lehrerin muß sich die Großartigkeit dieses Ganzen voll zu eigen machen, um es dem Kinde vermitteln zu können. Nicht nur die Klassifizierung einiger Details sollte man zum Ausgangspunkt nehmen, sondern die Klassifizierung des Ganzen. Und dieses Ganze, das im selben Moment vor uns ersteht, wird uns als Basis dienen, damit jedes Detail sich im Geist lokalisieren kann. Wir sagen z. B., daß die Welt dieser Globus ist, auf dessen Oberfläche wir leben. Aber wir sollten sofort dazu sagen, daß dieser Planet aus der Sternenwelt Reflexe erhält. Man kann ihn nämlich nicht vom Ganzen isolieren; man kann sich nicht damit zufriedengeben, ihn allein zu beobachten. Abstrakt betrachtet, können wir ihn als ein Imperium mit drei Reichen ins Auge fassen: das Reich der Tiere, der Pflanzen und der Mineralien. Zeigen wir einen Globus, der sich ganz von dem unterscheidet, den man in der Geographie verwendet:

Das Weiße stellt das Land dar, das Schwarze das Wasser. Dieser Globus dient nicht dem geographischen

Studium, sondern er ist dazu bestimmt, die Vorstellungskraft anzuregen, die nun, von diesem Globus ausgehend, zu arbeiten anfängt.

Von Tieren, von Pflanzen und Mineralien zu sprechen, ist eine Abstraktion. Aber wir werden an dieser Stelle sagen: »Der Mensch lebt auf der Erde, und er soll sich die Welt erobern . . .« Die Intelligenz des Menschen soll sich die Welt erobern, so wie sich die Intelligenz des kleinen Kindes die Umwelt eroberte.

Auf diesem Planeten ist alles eng miteinander verbunden. Und wir stellen fest, daß jede Wissenschaft nur die Einzelheiten eines umfassenden Wissens erforscht. Vom Leben des Menschen auf der Oberfläche des Globus zu sprechen bedeutet schon »Geschichte« treiben. Jedes Detail ist deshalb von Interesse, weil es eng mit anderen Details verbunden ist. Wir können das Ganze mit einem Tuch vergleichen, in dem jedes Detail eine Stickerei darstellt, während sich das Ganze zu einem wunderbaren Gewebe zusammenfügt.

Um dem Kind von 7–12 Jahren die Vorstellung des Ganzen in der Natur zu vermitteln, z. B. von dem Planeten, auf dem wir leben, müssen wir damit anfangen, ihm die Zahlen zu geben. Um es gut zu machen, muß man wohl schon so weit gehen, dem Kinde eine Vorstellung der gesamten Wissenschaften zu geben; nicht mit allen Einzelheiten und Genauigkeiten, sondern nur einen Eindruck davon. In dieser Epoche, in der eine Art sensibler Periode der Vorstellungskraft existiert, geht es darum, den »Keim für die Wissenschaften« zu legen. Wenn man ihm einmal die Vorstellung vom Ganzen gegeben hat, muß man zeigen, daß von jedem Zweig eine Wissenschaft ausgeht: die Mineralogie, die Biologie, Physik, Chemie usw . . . Und wie wir schon gesehen haben, setzt die Untersuchung des Details das Studium des Ganzen in Gang.

Wohl verstanden, man muß mit einem Detail anfangen. Aber da es kein Detail gibt, das nicht Teil des Ganzen ist, genügt es, irgendeines zu wählen, das die Verbindung mit dem Ganzen herstellt.

Polarisation
der Aufmerksamkeit

DIE ORGANISATION DES PSYCHISCHEN LEBENS BEGINNT MIT EINEM CHARAKTERISTISCHEN PHÄNOMEN DER AUFMERKSAMKEIT. – Meine experimentelle Arbeit mit kleinen Kindern von drei bis sechs Jahren stellt einen praktischen Beitrag zur Erforschung der Pflege, deren die Seele des Kindes bedarf, dar: eine ähnliche Pflege, wie sie die Hygiene für seinen Körper gefunden hat.

Ich halte es jedoch für notwendig, das *grundlegende Faktum* hervorzuheben, das mich zur Festlegung dieser Methode führte.

Als ich meine ersten Versuche unter Anwendung der Prinzipien und eines Teils des Materials, die mir vor vielen Jahren bei der Erziehung schwachsinniger Kinder geholfen hatten, mit kleinen normalen Kindern von S. Lorenzo durchführte, beobachtete ich ein etwa dreijähriges Mädchen, das tief versunken war in der Beschäftigung mit einem Einsatzzylinderblock, aus dem es die kleinen Holzzylinder herauszog und wieder an ihre Stelle steckte. Der Ausdruck des Mädchens zeugte von so intensiver Aufmerksamkeit, daß er für mich eine außerordentliche Offenbarung war. Die Kinder hatten bisher noch nicht eine solche auf einen Gegenstand fixierte Aufmerksamkeit gezeigt. Und da ich von der charakteristischen Unstetigkeit der Aufmerksamkeit des kleines Kindes überzeugt war, die rastlos von einem Ding zum anderen wan-

dert, wurde ich noch empfindlicher für dieses Phänomen.

Zu Anfang beobachtete ich die Kleine, ohne sie zu
stören, und begann zu zählen, wie oft sie die Übung
wiederholte, aber dann, als ich sah, daß sie sehr lange
damit fortfuhr, nahm ich das Stühlchen, auf dem sie
saß, und stellte Stühlchen und Mädchen auf den
Tisch; die Kleine sammelte schnell ihr Steckspiel auf,
stellte den Holzblock auf die Armlehnen des kleinen
Sessels, legte sich die Zylinder in den Schoß und fuhr
mit ihrer Arbeit fort. Da forderte ich alle Kinder auf zu
singen; sie sangen, aber das Mädchen fuhr unbeirrt
fort, seine Übung zu wiederholen, auch nachdem das
kurze Lied beendet war. Ich hatte 44 Übungen ge-
zählt; und als es endlich aufhörte, tat es dies unabhängig von den Anreizen der Umgebung, die es hätten
stören können; und das Mädchen schaute zufrieden
um sich, als erwachte es aus einem erholsamen Schlaf.
Mein unvergeßlicher Eindruck glich, glaube ich, dem,
den man bei einer Entdeckung verspürt.

Dieses Phänomen wurde allgemein bei den Kindern.
Es konnte also als eine beständige Reaktion festgestellt werden, die im Zusammenhang mit gewissen
äußeren Bedingungen auftritt, die bestimmt werden
können. Und jedesmal, wenn eine solche Polarisation
der Aufmerksamkeit stattfand, begann sich das Kind
vollständig zu verändern. Es wurde ruhiger, fast intelligenter und mitteilsamer. Es offenbarte außergewöhnliche innere Qualitäten, die an die höchsten Be-

wußtseinsphänomene erinnern, wie die der Bekeh-
rung.

Es schien, als hätte sich in einer gesättigten Lösung ein
Kristallisationspunkt gebildet, um den sich dann die
gesamte chaotische und unbeständige Masse zur Bildung eines wunderbaren Kristalls vereinte. Nachdem
das Phänomen der Polarisation der Aufmerksamkeit
stattgefunden hatte, schien sich in ähnlicher Weise
alles Unorganisierte und Unbeständige im Bewußtsein
des Kindes zu einer inneren Schöpfung zu organisieren, deren überraschende Merkmale sich bei jedem
Kinde wiederholten.

Das ließ an das *Leben eines Menschen* denken, das sich
zwischen den Dingen in einem niederen chaotischen
Zustand verlieren kann, bis eine besondere Sache es
intensiv anzieht und fixiert – dann erlebt der Mensch
die Offenbarung seiner selbst, und er fühlt, daß er zu
leben beginnt.

Dieses geistige Phänomen, das das ganze Bewußtsein
des Erwachsenen mit einbeziehen kann, ist also nur
einer der konstanten Aspekte des Vorgangs der »inneren Bildung«.

Es zeigt sich als normaler Anfang des inneren Lebens
der Kinder und begleitet ihre Entwicklung, so daß es
wie ein experimentelles Faktum der Forschung zu-
gänglich ist.

Auf diese Weise offenbarte sich die Seele des Kindes,
und davon geleitet entstand eine neue Methode, in der
die geistige Freiheit des Kindes deutlich wurde.

Die Erzählung von dieser Anfangsgeschichte verbreitete sich rasch in der ganzen Welt und schien zuerst wie die Geschichte eines Wunders. Dann, als die Versuche bei den verschiedensten Völkern zahlreicher wurden, klärten sich nach und nach die einfachen und offensichtlichen Prinzipien dieser geistigen »Behandlung«.

DIE PSYCHISCHE ENTWICKLUNG ORGANISIERT SICH MIT HILFE ÄUSSERER ANREGUNGEN, DIE DURCH VERSUCHE FESTGESTELLT WERDEN MÜSSEN. – Mein Beitrag zur Erziehung des kleinen Kindes zielt gerade darauf, aufgrund von Versuchsergebnissen die Form der Freiheit bei der inneren Entwicklung genau festzulegen.

Es wäre keine Freiheit in der Entwicklung vorstellbar, wenn das Kind nicht von Natur aus zu einer spontanen organischen Entwicklung fähig wäre, wenn es das Suchen der Kraft (die Entfaltung der latenten Kräfte), die Eroberung der notwendigen Mittel zu einer natürlichen harmonischen Entwicklung nicht gäbe. Um diese Entfaltung zu begünstigen, muß das in seiner Tätigkeit *frei* gelassene Kind in seiner Umgebung etwas vorfinden, das *organisiert* wurde in direktem Verhältnis zu seiner sich nach Naturgesetzen abwickelnden inneren Organisation. So wie das freie Insekt in der Form und in den Eigenschaften der Blumen eine direkte Übereinstimmung in Form und Substanz finden muß. Zweifellos ist das Insekt frei, wenn es auf der Suche nach seiner Nahrung, dem Nektar, in Wirklichkeit zur Befruchtung der Pflanze beiträgt. Es gibt nichts Wunderbareres in der Natur als die Übereinstimmung zwischen den Organen dieser beiden Arten von Lebewesen, die zu einer so segenbringenden Zusammenarbeit bestimmt sind.

Das Geheimnis der freien Entwicklung des Kindes liegt also ganz in der Organisation der zu seiner inneren Ernährung notwendigen Mittel; Mittel, die einem ursprünglichen Impuls des Kindes entsprechen, vergleichbar mit dem, der das Neugeborene befähigt, die Milch aus der Mutterbrust zu saugen. Letztere entspricht in Form und bereiteter Substanz genau den Bedürfnissen des Kindes.

In der Befriedigung dieses ursprünglichen Impulses, dieses *inneren Hungers*, beginnt sich die kindliche Persönlichkeit zu organisieren und ihre Eigenschaften zu offenbaren, so wie ein Säugling, indem er sich nährt, seinen Körper und seine natürlichen Bewegungen organisiert.

Wir müssen uns deshalb als erzieherisches Problem nicht die Suche nach Mitteln zur Organisation der inneren Persönlichkeit des Kindes und zur Entwicklung seiner einzelnen Charaktereigenschaften stellen; sondern nur das Problem, dem Kind die ihm notwendige *Nahrung* zu vermitteln.

Dadurch entfaltet das Kind eine organisierte, umfassende Tätigkeit, in welcher es, einem ursprünglichen Impuls folgend, seine Intelligenz übt und höhere Eigenschaften entwickelt, von denen wir glaubten, daß sie der Natur des Kindes fremd seien wie Geduld und Ausdauer bei der Arbeit; oder auf moralischem Gebiet Gehorsam, Sanftmut, liebevolles Wesen, Freundlichkeit, Heiterkeit; Eigenschaften, die wir gewohnt sind voneinander zu trennen und von denen wir bisher glaubten, sie einzeln und direkt im Menschen entwickeln zu müssen; auch wenn wir in der Praxis nie genau wußten, mit welchen Mitteln uns das gelingen sollte.

Damit dieses Phänomen eintritt, muß man der *spontanen Entwicklung* des Kindes Freiheit lassen; d. h. ohne unzeitiges Eingreifen oder Stören der ruhigen und friedlichen Entfaltung, so wie der Körper des Säuglings Ruhe braucht, damit er seine Nahrung assimilieren und wachsen kann.

Mit dieser Einstellung müssen wir die *Wunder* des inneren Lebens, seine Entfaltung und zugleich seine unerwarteten und überraschenden Explosionen erwarten so wie eine intelligente Mutter, die ihrem Kind nur Nahrung und Ruhe bietet, sich an seinem Wachsen freut und gleichzeitig die Explosion der Natur erwartet: den ersten Zahn, das erste Wort und endlich das Ereignis, daß eines Tages das Kind aufsteht und läuft.

Aber damit sich die psychischen Wachstumsphänomene verwirklichen können, muß die »Umgebung« auf eine bestimmte Weise bereitet sein und müssen die direkt notwendigen äußeren Mittel angeboten werden. Dies ist das *positive* Faktum, das mein Versuch konkretisiert hat. Bisher sprach man unbestimmt von der

Freiheit des Kindes; es bestand nicht einmal eine klare Grenze zwischen »Freiheit« und »Vernachlässigung«. Man sagte: »Die Freiheit hat ihre Grenzen«, »Die Freiheit muß recht verstanden sein.« Aber eine besondere Methode, die zeigt, »wie die Freiheit interpretiert werden und welches *Was* damit verbunden sein muß«, ist bisher noch nicht festgelegt worden.

Diese Festlegung muß der gesamten Erziehung einen neuen Weg öffnen.

Die Umgebung muß also die Mittel zur Selbsterziehung enthalten. Diese Mittel dürfen nicht »vom Zufall bestimmt sein«; sie sind das Ergebnis von Versuchsstudien, die nicht von jedem durchgeführt werden können, weil zu einer solchen delikaten Arbeit eine wissenschaftliche Vorbildung notwendig ist; außerdem sind sie wie alle Versuchsstudien schwierig, langwierig, exakt. Es bedarf vieler Jahre des Versuchs, bevor die Mittel, die wirklich zur *psychischen Entwicklung notwendig* sind, herausgefunden werden. Die Pädagogen also, die die schwierige Frage der *Freiheit* des Schülers dem gesunden Menschenverstand oder der Ausbildung des Lehrers überließen, waren weit davon entfernt, das Problem der Freiheit zu lösen. Der größte Wissenschaftler oder der von Natur aus zur Erziehung geeignetste Mensch könnte nie auf Anhieb solche Mittel finden, denn zur Ausbildung und zur natürlichen Begabung muß der Faktor *Zeit* hinzukommen – die lange Zeit eines vorbereitenden Versuchs. Es muß also vorher eine *Wissenschaft* bestehen, die bereits die *Mittel* zur Selbsterziehung *geliefert* hat. Wer heute von Freiheit in der Schule spricht, muß gleichzeitig Gegenstände *anbieten* – beinahe ein *wissenschaftliches Instrumentarium*, das die Freiheit ermöglicht.

Das wissenschaftliche Instrumentarium muß nach *exakten* Grundsätzen hergestellt sein. Wie die Linsen des Physikers nach den Gesetzen der Lichtbrechung hergestellt werden, so muß das pädagogische Instrument gemäß den *psychischen Äußerungen* des Kindes aufgebaut sein.

Ein solches Instrumentarium könnte mit einem systematisierten *Test* verglichen werden. Es ist jedoch nicht nach einem äußeren Kriterium des Messens aufgebaut mit dem Ziel, die augenblickliche psychische Reaktion, die es hervorruft, festzustellen, sondern es ist im Gegenteil eine Anregung, die bestimmt werden muß nach den psychischen Reaktionen, die hervorzurufen und permanent zu erhalten es in der Lage ist. D. h., die psychische Reaktion determiniert und bestimmt den systematischen psychologischen Test. Die psychische Reaktion, die als einziger Vergleichsmaßstab bei der Festlegung der *Tests* dient, ist eine *Polarisation* der Aufmerksamkeit und die *Wiederholung der Handlungen*, die damit in Verbindung stehen. Wenn eine Anregung auf solche Weise der »betroffenen Persönlichkeit« entspricht, dient sie nicht zur *Messung*, sondern zur *Aufrechterhaltung* einer aktiven Reaktion; sie ist folglich eine Anregung zur »Inneren Bildung«. Tatsächlich beginnt auf der Grundlage dieser erweckten und aufrechterhaltenen Aktivität der assoziative Organismus seine inneren, den Anregungen entsprechenden Entwicklungen.

Damit tritt in den alten Bereich der Pädagogik nicht eine Wissenschaft zur »Messung« der Persönlichkeit, wie es bisher die in die Schule eingeführte Experimentalpsychologie tat, sondern eine Wissenschaft zur »Veränderung« der Persönlichkeit, die daher in der Lage ist, den Platz einer eigentlichen Pädagogik einzunehmen. Während die alte Pädagogik in allen ihren verschiedenen Auslegungen vom Begriff einer »rezeptiven Persönlichkeit« ausging, d. h. von einer Persönlichkeit, die Unterweisungen empfangen und passiv gebildet werden mußte, geht diese wissenschaftliche Richtung vom Begriff einer *aktiven*, denkenden und Gedanken verbindenden Persönlichkeit aus, die sich durch eine Reihe von Reaktionen auf systematische, experimentell bestimmte Anregungen entwickeln muß. Diese neue »Pädagogik« gehört deshalb zu den modernen Wissenschaften und nicht zu den alten Spekulationen, auch wenn sie sich nicht direkt auf einfache Meßstudien der »exakten Psychologie« stützt. Aber die von ihr verfolgte »Methode«, d. h. der Versuch, die Beobachtung, die Gegenprobe, die Erkenntnis neuer Phänomene, ihre Reproduktion und Anwendung, stellt sie zweifellos in die Reihe der Experimentalwissenschaften.

Die äusseren Reize können in Qualität und Quantität festgelegt werden. – Es gibt nichts Interessanteres als solche Experimente. Durch sie können mit größter *Genauigkeit* die äußeren Anregungen sowohl in Qualität als auch in Quantität festgelegt werden. Z. B. erwecken sehr kleine Plättchen verschiedener geometrischer Formen nur vorübergehend die Aufmerksamkeit eines dreijährigen Kindes; werden sie aber langsam vergrößert, erreichen sie die Grenze, wo sie die Aufmerksamkeit fesseln. Dann rufen solche Plättchen eine andauernde Aktivität hervor, und die sich daraus ergebende Übung wird ein Entwicklungsfaktor. Der Versuch wird an vielen Kindern wiederholt, und so wird die Größe einer Reihe von Gegenständen festgelegt.

Ähnliches gilt für die Farben und alle *Qualitäten*. Damit eine Qualität so stark empfunden wird, daß sie die Aufmerksamkeit fesselt, ist eine gewisse Größe und Intensität des Reizes notwendig, welche nach dem Grad der psychischen Reaktion des Kindes bestimmt werden können. Das gilt für die geringste farbliche Nuance, die genügt, die Aufmerksamkeit auf die Oberfläche der bunten Täfelchen zu lenken usw. Die Qualität wird also mit Hilfe des psychischen Experimentes festgelegt, aufgrund der Tätigkeit, die sie im Kind hervorruft, das sich mit dem gleichen Gegenstand längere Zeit beschäftigt und auf diese Weise einen Vorgang von innerer Entwicklung, von Selbstbildung vollzieht.

Unter den Eigenschaften der Gegenstände muß *eine*
hervorstechen, die die höchste Aktivität der Intelligenz wachruft, und diese muß die *Fehlerkontrolle* ein-
schließen.

Damit ein Selbsterziehungsprozeß stattfinden kann,
genügt es nicht, daß der Reiz eine Aktivität »wachruft«, sondern er muß diese auch lenken. Das Kind
muß nicht nur beharrlich bei einer Übung verweilen,
sondern es muß auch dabei beharren, ohne Fehler zu
begehen. Alle äußeren und inneren Eigenschaften
der Gegenstände müssen nicht nur gemäß den unmittelbaren, im Kind hervorgerufenen Aufmerksam-
keitsreaktionen bestimmt werden, sondern auch gemäß der grundlegenden Eigenschaft, die Fehlerkontrolle zu ermöglichen, d.h. das Zusammenwirken
höherer Aktivitäten wachzurufen (Vergleich, Urteil).
Einer der ersten Gegenstände, der z.B. die Aufmerksamkeit des dreijährigen Kindes auf sich lenkt, sind
die Einsatzzylinderblocks (Serie von Zylindern verschiedener Größe, die sich herausnehmen und ein-
setzen lassen). Sie enthalten eine sehr mechanische
Kontrolle; denn wenn auch nur ein Fehler beim Hin-
einstecken der Zylinder begangen wird, bleibt einer
übrig. Der Fehler ist also ein Hindernis, das nur
durch die Verbesserung überwunden werden kann,
sonst kann die Übung nicht weitergeführt werden.
Andererseits ist die Verbesserung so einfach, daß das
Kind allein darauf kommt. Das kleine Problem stellte
sich dem Kind fast wie ein unerwarteter, aus einer

Zauberbüchse springender Gegenstand und weckte sein Interesse.

Man beachte jedoch, daß nicht das »Problem« an sich das Interesse weckt – es ist nicht der Antrieb zur Wiederholung der Handlung und zum Fortschritt des Kindes. Was das Kind interessiert, ist die Empfindung, nicht nur Gegenstände umzustellen, sondern eine neue Einsicht zu gewinnen, nämlich: die Größenunterschiede der Zylinder zu erkennen, die es vorher nicht wahrnahm. Das *Problem* tritt nur im Zusammenhang mit dem *Fehler* auf, es begleitet nicht den normalen Entwicklungsablauf. Wenn das Interesse nur durch die *Neugier*, durch das »Problem« hervorgerufen würde, wäre es kein bildendes Interesse, das seinen Ursprung in den Bedürfnissen des Lebens selbst hat und deshalb den Aufbau der inneren Persönlichkeit lenkt. Wenn nur das Problem die Seele leiten würde, könnte es ihre Ordnung stören wie jede andere äußere Ursache, die versucht, das Leben auf falsche Wege zu *leiten*. Vielleicht bestehe ich zu sehr auf diesem Punkt, um auf bedeutende Einwände und Bemerkungen zu antworten, die an mich gerichtet wurden.

Bereits in der zweiten Serie der Gegenstände, die das Auge im Hinblick auf die Dimensionen erziehen soll, ist die Fehlerkontrolle nicht mehr mechanisch, sondern psychologisch. Da das Auge des Kindes inzwischen daran gewöhnt ist, den Größenunterschied zu erkennen, *sieht* das Kind selbst den Fehler, wenn nur die Gegenstände eine bestimmte Größe erreichen und lebhaft bunt sind. Deshalb kann man sagen, daß bei diesen Gegenständen die Fehlerkontrolle in ihrer Größe selbst und in ihren lebendigen Farben liegt. Eine ganz andere, viel anspruchsvollere Fehlerkontrolle bietet das Material der pythagoräischen Tafel. Hier besteht die *Kontrolle* bereits im Vergleich der eigenen Arbeit mit einem Muster. Zu diesem Vergleich bedarf es einer bemerkenswerten intelligenten Willensanstrengung des Kindes, das damit unter die wirklichen Bedingungen einer bewußten Selbsterziehung gestellt wird. Aber die Fehlerkontrolle muß stufenweise stattfinden. Und obwohl sie sich immer weiter von einem äußeren Mechanismus entfernt, um auf die inneren Aktivitäten, die sich allmählich entwickeln, übertragen zu werden, wird die Fehlerkontrolle jedoch immer wie alle Qualitäten der Gegenstände von der grundlegenden *Reaktion* des Kindes bestimmt, das ihnen eine längere Aufmerksamkeit widmet und die Übungen wiederholt.

Bei der Festlegung der *Quantität der Gegenstände* hingegen bestehen andere Versuchskriterien. Wenn dann die Instrumente mit großer Genauigkeit ausgearbeitet worden sind, erzeugen sie eine so geordnete und den inneren Entwicklungsfakten entsprechende Selbstübung, daß sich an einem gewissen Punkt ein neues psychisches Bild enthüllt, eine Art höhere Stufe in der allgemeinen Entwicklung.

Dann wendet sich das Kind spontan von den Gegenständen ab, aber ohne Zeichen von Müdigkeit, sondern getragen von neuen Energien. Sein Geist ist zur Abstraktion fähig. Auf dieser Entwicklungsstufe wendet das Kind seine Aufmerksamkeit der »äußeren Welt« zu, und es beobachtet diese mit einer Ordnung, die sich in seinem Geist gemeinsam mit der vorhergehenden Entwicklung geformt hat; und es beginnt spontan eine Reihe abgewogener und logischer Vergleiche anzustellen, die ein wahres spontanes Erlangen von »Bewußtsein« bedeuten. Diese Periode ist bereits als »Entdeckungsperiode« bekannt, und diese Entdeckungen erwecken im Kind Begeisterung und Freude.

Diese höhere Entwicklungsstufe ist für den weiteren Aufstieg sehr fruchtbar. Die Aufmerksamkeit des Kindes darf nicht an die Gegenstände gefesselt werden, wenn der delikate Vorgang der Abstraktion beginnt. Der Lehrer, der z. B. in diesem Augenblick das Kind dazu auffordern würde, seine Tätigkeit an den Gegenständen wieder aufzunehmen, würde damit die spontane Entwicklung verzögern und ihr ein Hindernis in den Weg stellen. Wenn die Hochstimmung gelöscht wird, die das Kind zu so großer intellektueller Begeisterung führt, ist ein Weg des Fortschritts verschlossen. Der gleiche Fehler kann durch eine *übermäßige Quantität* des Entwicklungsmaterials gemacht werden; sie kann die Aufmerksamkeit zerstreuen, die Übungen mit den Gegenständen mechanisieren und das Kind an dem psychologischen Moment seines Aufstiegs vorbeigehen lassen, ohne sich dessen bewußt zu werden,

ohne ihn zu ergreifen. Diese Gegenstände sind meistenteils unnütz, und an ihrer Überflüssigkeit kann
sich die »Seele verlieren«.

Das *Notwendige ist ausreichend* und entspricht den inneren Bedürfnissen eines Lebens, das sich in der Entwicklung, d. h. im Aufstieg befindet. Das muß genau
festgehalten werden. Diese »Quantität« läßt sich durch
Beobachtung der Gesamtheit der aktiven Äußerungen
des Kindes bestimmen. Die Kinder, die sich lange auf
die Arbeit mit diesen gewissen Gegenständen konzentriert hatten – mit dem Ausdruck intensiver Aufmerksamkeit –, erheben sich eines Tages allmählich und
unmerklich wie Flugzeuge nach ihrem kurzen Lauf auf
der Erde. Die scheinbare Abwendung von den Objekten offenbart sich in ihrem wahren Wesen durch den
strahlenden, freudigen Ausdruck ihres Gesichts. Das
Kind tut scheinbar nichts, aber nur für einen Augenblick. Bald wird es uns sagen, was in ihm vorgeht, und
dann wird seine explodierende Aktivität es zu immer
neuen Erforschungen und Entdeckungen führen. Das
Kind ist gerettet.

Dagegen steht das Beispiel anderer Kinder, bei denen
der gleiche ursprüngliche Vorgang auftrat, die jedoch
von zu vielen Gegenständen umgeben waren. Sie waren im Augenblick der Reife gefangen, verstrickt und
deutlich mit »Fallstricken« an die Erde gebunden. Eine
Verminderung der Intensität der Aufmerksamkeit gegenüber den neuen Gegenständen, die Unbeständigkeit und damit die Müdigkeit äußern sich in einem

offensichtlichen Abflauen der inneren Aktivität. Das Kind neigt zu schlechten Gewohnheiten wie albernes Lachen, Unfreundlichkeit und Faulheit. Es verlangt »andere Gegenstände« und wieder »andere Gegenstände«, denn es ist ein Gefangener im Kreis der unnützen Dinge und fühlt nur das Bedürfnis, seine Langeweile zu mindern. Ähnlich wie der Erwachsene, der im Chaos des Lebens den gleichen Fehler beging, wird das Kind undiszipliniert, faul und »läuft Gefahr, sich zu verlieren«. Wenn ihm niemand hilft, indem er ihm die unnützen Gegenstände wegnimmt und ihm seinen »Himmel« zeigt, wird es kaum die Energie haben, dies von selbst zu tun.

Diese beiden extremen Typen vermitteln eine Vorstellung von den Kriterien, mit denen experimentell die »Quantität« der Entwicklungsgegenstände festgelegt wird.

Das Zuviel schwächt und verzögert den Fortschritt. Das wurde immer wieder von allen meinen Mitarbeiterinnen bestätigt. Wenn dagegen aber zu wenig Material vorhanden und die ursprüngliche Selbstübung unfähig zu jener Reife ist, die den Aufstieg ermöglicht, bricht nicht dieses spontane Phänomen der Abstraktion aus, das die zweite Stufe in der Selbsterziehung darstellt, die zu einem unbegrenzten Fortschritt weiterführt.

Das gleiche grundlegende Phänomen intensiver und langwährender Aufmerksamkeit, das die Wiederholung der Handlungen mit sich bringt, führt dazu, die geeigneten Anregungen je nach dem *Alter* des Kindes zu finden. Ein Reiz, der ein dreijähriges Kind eine Handlung 40mal wiederholen läßt, mag bei einem sechsjährigen Kind die Wiederholung der gleichen Handlung nicht mehr als zehnmal hervorrufen. Der Gegenstand, der das Interesse des dreijährigen Kindes erweckt, mag das sechsjährige Kind nicht mehr interessieren. Dennoch ist das sechsjährige Kind fähig, seine Aufmerksamkeit viel länger zu fixieren als ein dreijähriges Kind, wenn die Anregung seiner Aktivität entspricht; z. B. kann ein dreijähriges Kind die gleiche Handlung höchstens 40mal hintereinander wiederholen, während das sechsjährige Kind in der Lage ist, die Handlung, die es interessiert, bis zu zweihundertmal zu wiederholen. Die längste ununterbrochene Arbeitszeit mit dem gleichen Gegenstand kann beim dreijährigen Kind höchstens eine halbe Stunde betragen, während sie beim sechsjährigen Kind zwei Stunden übertrifft.

Es kann daher keinen Wert haben, vernünftige, systematische Übungen zu einem Zweck wie dem der Vorbereitung des Schreibens festzulegen, ohne das Alter in Betracht zu ziehen. Mein Schreibsystem gründet sich z. B. auf die direkte Vorbereitung der physiologisch daran beteiligten Bewegungen: d. h. die Handhabung des Schreibinstrumentes und das Nachfahren des Buchstabens. Im einen Fall füllt das Kind die Konturen der Einsätze mit vielen parallelen Strichen aus, und im anderen Fall berührt es Sandpapierbuchstaben.

Dabei *fixiert* es so perfekt die beiden Muskelmechanismen, daß sich zum Schluß die Explosion einer schönen »spontanen Schrift« ergibt. Diese ist bei allen Kindern wundervoll gleichförmig, denn gleichsam von derselben Form geprägt, haben sie die Bewegungen bei der Berührung des gleichen Alphabets in sich aufgenommen und geben nun getreu die Form wieder. Damit dies geschieht, oder besser, damit ein wirklicher Bewegungsmechanismus fixiert wird, muß die Übung lange Zeit wiederholt werden. Das Hauptinteresse des Kindes, die Figuren mit parallelen Linien auszufüllen und vor allem, die Buchstaben zu berühren, liegt meistens zwischen dem vierten und fünften Lebensjahr. Wenn wir das gleiche Material einem sechsjährigen Kind zur Verfügung stellen, wird es die Buchstaben nicht mehr in ausreichender Form berühren und für immer unvollkommen schreiben im Vergleich zu dem Kind, das im richtigen Alter mit der Übung begann. Dies wiederholt sich durch alle anderen Einzelheiten des Systems hindurch. Man kann also mit einer, glaube ich, bisher nie erreichten Genauigkeit experimentell die Fähigkeit des Kindes je nach seinem Alter festlegen und von daher bestimmen, wo, je nach dem Alter, das Durchschnittsniveau der intellektuellen Entwicklung liegt, wenn das geeignete Entwicklungsmaterial geboten wird.

Dies ist ein Hinweis auf die Möglichkeit, die Entwicklungshilfsmittel so genau zu *bestimmen*, daß eine wirkliche Übereinstimmung zwischen den inneren Bedürfnissen und den Anregungen gegeben ist, so wie eine

Übereinstimmung zwischen dem Insekt und der Blume besteht.

Für den, dem das alles bereitsteht, ist die Aufgabe »sehr leicht«, das psychische Leben des Kindes sich auf natürliche Weise entwickeln zu lassen. Mit der Verfügung über diese Gegenstände kann jeder in der Schule *die Freiheit realisieren*.

Diese langwierigen, im stillen betriebenen Versuche – zu denen ich, wie bereits gesagt, von Itard und Séguin angeregt wurde – sind mein erster Beitrag zur Erziehung.

Diese ganze Vorbereitungsarbeit diente zur »Fixierung« der heute bekannten Methode, ist aber auch der Schlüssel zu ihrer Fortsetzung.

DAS ENTWICKLUNGSMATERIAL IST NUR ALS »AUSGANGS-PUNKT« NOTWENDIG. – In der Organisation der äußeren Entwicklungsmittel liegt also »ein materieller Abdruck« der inneren Entwicklung. Die Seele benötigt dies auf ihrem Lauf, bei ihren Flügen. Der materielle Teil enthält nicht den Abdruck der ganzen Seele; so wie der Fußabdruck nicht der Abdruck des ganzen Körpers ist; so wie der Flugplatz nicht das Bewegungsfeld des Flugzeugs ist, sondern nur der Ruheort, die Zuflucht, die Halle, wohin das Flugzeug jederzeit zurückkehren kann. So gibt es in der psychischen Bildung einen notwendigen materiellen Teil, von dem sich der Geist erhebt und wo er seine Zuflucht, seine Ruhe und seine

Hilfe finden kann. *Ohne ihn* kann er nicht wachsen und sich nicht »frei« erheben.

Damit der materielle Teil eine wirkliche Hilfe ist, »muß er die Formen des Geistes wiedergeben« und sie in dem den Bedürfnissen der materiellen Hilfe entsprechenden Maße »enthalten«. So entspricht z. B. in der ersten Periode des psychischen Lebens das Material der grundlegenden Sinnesübung – und wird in Qualität und Quantität durch die von der Natur gegebenen sensoriellen Bedürfnissen bestimmt – und erlaubt eine ausreichende Übung der Aktivitäten, damit eine höhere psychische Beobachtungs- und Abstraktionsstufe heranreifen kann. Andererseits entspricht nichts im Material dem darauffolgenden Lauf durch die Welt, den der Geist des Kindes mit so großem Glück und so vielen Errungenschaften seines Bewußtseins unternimmt. Aber wir sehen dann, daß der Geist gehobenere Übungen braucht – und hier treffen wir wiederum auf das gleiche ursprüngliche Phänomen der Aufmerksamkeit, die sich nun inzwischen dem Alphabet und dem Rechenmaterial widmet. Es werden umfassendere methodische Intelligenzübungen wiederholt, indem Gehörs-, Seh- und Bewegungseindrücke des gesprochenen und geschriebenen Wortes in Verbindung gebracht werden und indem die Größen, Verhältnisse und Zahlen erlernt werden. Dabei offenbaren sich die gleichen Begleit-Phänomene der »Geduld« und der »Ausdauer« und gleichzeitig der Lebhaftigkeit, der Aktivität und der Freude, die für den Geist charakteristisch sind, dessen innere Energien ihre Tastatur, ihr Spielfeld gefunden haben, auf dem sie sich angemessen und in Ruhe üben können.

Der sich auf diese Weise organisierende Geist, geleitet von einer Ordnung, die seiner natürlichen Ordnung entspricht, *stärkt sich, blüht auf* und offenbart sich in der *Ausgeglichenheit*, der *Heiterkeit* und in der *Ruhe*, die die wunderbare, für das Verhalten unserer Kinder charakteristische *Disziplin* ergeben.

Das äußere Material muß sich also den psychischen Bedürfnissen des Kindes wie eine Leiter darbieten, die ihm Stufe für Stufe bei seinem Aufstieg behilflich ist; und auf den Stufen dieser Leiter werden notwendigerweise die Mittel zur *Kultur*, zur höheren *Bildung* angeordnet sein. Denn für die psychischen Übungen ist neues Material notwendig, und damit es seinen Zweck erfüllt, muß es neue und vielfältige Formen von Gegenständen enthalten. Diese müssen in der Lage sein, die Aufmerksamkeit zu fesseln, die Intelligenz durch ständige Übung ihrer Energien *reifen* zu lassen und jene Phänomene der Ausdauer in der Beschäftigung und der Geduld zu erzeugen, die dann wiederum die Beweglichkeit, das psychische Gleichgewicht und die Fähigkeit zur Abstraktion und zur spontanen Schaffenskraft erhöhen. So werden wir in der sukzessiven Entwicklung sehen, wie sich die Kinder auch den uns so trocken erscheinenden Gedächtnisübungen widmen; denn in ihnen ist nicht nur das Bedürfnis wachgeworden, die Eindrücke, denen sie auf der Welt begegnen, *in sich festzuhalten*, sondern auch durch eine bestimmt ausgerichtete Anstrengung Kenntnisse »schnell zu erwerben«. Ein erstaunliches und allgemeines Beispiel dafür ist das Auswendiglernen des Einmal-eins; während uns das Auswendiglernen von Gedichten und Prosastücken nicht in Verwunderung setzt, obwohl es sich manchmal um eine Leidenschaft handelt.

Ebenso interessant ist es, wie sich das Kind zu einem gewissen Zeitpunkt von den Rechenhilfen löst. Wenn eine bestimmte Reifegrenze erreicht ist, will es »abstrakt denken« und will »abstrakt mit den Zahlen rechnen«. Es ist, als gehorche das Kind einem inneren Trieb, der gleichzeitig die Seele von jeder Fessel befreien und eine Ökonomie der Zeit verwirklichen will. Man sieht dann achtjährige Kinder, die frühzeitig begeisterte Rechner werden.

Diese Kinder, die so auf den Weg der Selbsterziehung gebracht wurden, erwerben eine einzigartige »Sensibilität« für die eigenen inneren Bedürfnisse. Wie der Säugling, der an vernünftige Ernährungsregeln gewöhnt ist, in den zwei Stunden der Verdauung und Assimilation sich ruhig verhält und erst genau dann weint, wenn die Stunde zur neuen Nahrung geschlagen hat, so »bitten diese Kinder um Hilfe«, um »neues Material« und um »neue Arbeitsformen«, wenn sich in ihnen der geheimnisvolle Vorgang der inneren Reife vollzogen hat. Sie verlangen mit *Bestimmtheit* nach diesen Dingen und zeigen damit, worin ihre weiteren

Bedürfnisse liegen; auf dieselbe Weise, wie man bei
physiologischen Bedürfnissen genau angeben kann,
ob man Hunger oder Durst hat oder ob man müde
ist. Ähnlich bittet das Kind um Lektüre, grammatikalische Übungen oder Material zur Beobachtung der
Natur. Seine Sensibilität äußert sich in einem starken,
klaren Wunsch, dem der Lehrer nur zu *entsprechen*
braucht.

Natürlich ist eine *äußere* Basis für die sukzessive Entwicklung solcher Phänomene notwendig. Der Lehrer
kann nicht zufällig der Nachfrage des sich in bewuß-
ter Entwicklung befindlichen Kindes entsprechen;
sondern anhand eines Plans, der aufgrund der Erfahrung *vorher festgelegt* wurde. D. h., die äußeren Mittel, auf die bereits mehrmals hingewiesen wurde,
diese Leiter, deren Stufen die Seele bei ihrem Aufstieg führen, müssen bereits *durch die Erfahrung festgelegt sein*, so wie alle vorhergehenden Mittel der ersten
kindlichen Entwicklung festgelegt waren.

Die Konstruktion der aufsteigenden Leiter, der äußeren Mittel zur Hilfe für die in der Entwicklung be-
findliche Seele, erweitert sich immer mehr; wie ein
umgekehrter Kegel, dessen Scheitelpunkt die Anfänge des psychischen Lebens selbst berührt und sich
auf den ursprünglichen Impuls stützt, der das zwei-
einhalbjährige Kind zu den Sinnesreizen führt, so
wie der Hunger den Säugling die komplexen wunderbaren Saugbewegungen ausführen läßt. Und
während der Kegel sich erweitert, wird er mit den

wachsenden psychischen Bedürfnissen des Kindes immer komplizierter und schließt in sich die Grundlagen der Kultur.

Die höhere äußere Organisation baut sich nicht nur auf dem psychologischen Teil auf, sondern berücksichtigt auch den Kulturinhalt selbst. Jedes Fach, wie zum Beispiel Rechnen, Grammatik, Geometrie, Naturwissenschaften, Musik und Literatur, muß in den äußeren Gegenständen durch eine systematische, wohl definierte Konstruktion dargeboten werden. Zur ursprünglichen, hauptsächlich psychologischen Arbeit muß also die *Mitarbeit von Spezialisten* jedes einzelnen Faches hinzutreten, damit die *Gesamtheit der notwendigen und ausreichenden Mittel* festgelegt wird, die die *Selbsterziehung* hervorrufen.

Darin besteht die experimentelle Vorbereitungsarbeit, die jenes Entwicklungsmaterial festlegt, jene äußeren Abdrücke, die zur Entwicklung des inneren Lebens notwendig sind und die in ihrem Aufbau *genau* den psychischen *Aufbau*bedürfnissen entsprechen müssen.

Dieses Material könnte bis zu einem gewissen Grade dem sogenannten didaktischen oder objektiven Material der alten Methoden entsprechen. Jedoch in seiner Bedeutung unterscheidet es sich zutiefst. Das objektive Material der alten Schule war eine *Hilfe* für den Lehrer, um seine *Erklärungen* der Gesamtheit einer Klasse verständlich zu machen, die ihm passiv zuhörte. Die Gegenstände bezogen sich einzig und allein auf *die zu erklärenden Dinge*, die aufs Geratewohl ausgewählt waren, d. h. ohne jedes wissenschaftliche Kriterium des Bezugs zu den *psychischen Bedürfnissen* des Kindes.

Hier hingegen sind die *Entwicklungsmittel* experimentell in bezug auf die psychische Entwicklung des Kindes festgelegt. Ihr Zweck liegt nicht darin, eine Kenntnis zu vermitteln, sondern sie stellen Mittel dar, die spontan die inneren Energien sich entfalten lassen.

Die materielle äußere Konstruktion wird dann den natürlichen individuellen Energien der Kinder dargeboten und *frei überlassen*. Sie wählen die Gegenstände, die sie vorziehen; und dieses »Vorziehen« wird von den inneren Bedürfnissen des »psychischen Wachstums« bestimmt. Jedes Kind beschäftigt sich mit jedem gewählten Gegenstand, solange es will; und dieser »Wille« entspricht dem Bedürfnis innerer Reifung des Geistes, einer Reifung, die einer ständigen und langwährenden Übung bedarf. Keine Anleitung, kein Lehrer könnte das *innere Bedürfnis* und die notwendige *Reifezeit* eines jeden Schülers erraten. Wenn dem Kind jedoch *Freiheit* gelassen wird, wird uns all dies durch Leitung der Natur offenbart.

SOZIALE ENTWICKLUNG

Die Umgebung

Als erstes muß das Kind den Weg und die Mittel zur Konzentration finden, die die Grundlagen des Charakters und das soziale Verhalten stabilisieren. Die Bedeutung der Umgebung dafür wird plötzlich offenbar; denn da niemand dem Kind von außen die Konzentration und die Gestaltung seiner Psyche geben kann, muß es dies von sich aus tun. Die Bedeutung unserer Schulen liegt darin, daß es dort die Art der Arbeit findet, die ihm diese Möglichkeit gibt. Eine geschlossene Umgebung (unsere Schule oder eine Klasse) fördert die Konzentration. Allen ist bekannt, daß man sich in jeder Lebenslage zurückzieht, wenn man sich konzentrieren will. Durch eine fördernde Tätigkeit an einem ruhigen Ort bildet sich die Konzentration, der Charakter, und die Schöpfung des Individuums vollendet sich. Dazu kommt, daß die Kinder erst nach dem fünften Lebensjahr in die allgemeinen Schulen aufgenommen werden, das heißt, wenn sie bereits die erste und wichtigste Periode der Bildung beendet haben. Unsere Schulen bieten den Kleinen eine schützende Umgebung, in der sich die ersten Elemente des Charakters bilden können und ihre besondere Bedeutung erlangen.

Als auf den Wert hingewiesen wurde, den die besonders geeignete Umgebung hat, rief das ein großes Interesse hervor.

Unter Mitarbeit von Architekten, Künstlern und Psychologen wurden mit Sorgfalt die Größe und Höhe der Zimmer und die künstlerischen Elemente ausgewählt für eine Schule, die nicht nur ein Zufluchtsort sein sollte, sondern eine Hilfe für die Konzentration der Kleinen. Es handelte sich um etwas mehr als um eine schützende Umgebung, man könnte sie als »psychische Umgebung« bezeichnen. Ihre Bedeutung lag jedoch nicht so sehr in der Form und in der Ausdehnung des Gebäudes – denn allein dadurch hätte sie ihren Zweck nicht erreicht –, sondern vielmehr in den Gegenständen, denn ohne Gegenstände kann sich das Kind nicht konzentrieren. Diese wurden ihrerseits aus der Erfahrung mit den Kindern selbst bestimmt.

Die erste Idee war, von allem etwas in die Umgebung zu bringen und es den Kindern zu überlassen, sich auszusuchen, was sie bevorzugten. Wir sahen, daß sie nur bestimmte Gegenstände nahmen und andere unbenutzt blieben; und diese wurden ausgeschieden. Alles, was in unseren Schulen Verwendung findet, hat sich aus Versuchen nicht nur in einem Land, sondern in der ganzen Welt ergeben, und man kann wohl sagen, daß es von den Kindern selbst ausgewählt wurde. Es sind also Dinge, die *alle* Kinder bevorzugen, und diese wurden von uns als wesentlich betrachtet; andere Dinge hingegen wurden in allen Ländern selten von den Kindern verwendet (obwohl die Erwachsenen entgegengesetzter Meinung waren). Überall, wo unsere normalisierten Kinder freie Wahl hatten, geschah das gleiche; und ich mußte an die Insekten denken, die immer nur bestimmte Blumen anfliegen, die sie benötigen. Offensichtlich stellten diese Gegenstände eine Notwendigkeit für das Kind dar: sie wählen die Gegenstände aus, die ihnen beim Aufbau ihrer selbst helfen. Zu Beginn gab es viele Spielsachen, aber die Kinder vernachlässigten sie; es gab auch verschiedenes Material, um die Farben zu lehren, aber die Kinder entschieden sich nur für einen Typ: die bunten Täfelchen, die wir inzwischen überall verwenden. Das geschah in allen Ländern. Auch bezüglich der Form der Gegenstände und der Farbintensität stützten wir uns auf das, was die Kinder bevorzugten. Das führte in unserer Methode zu einer Festlegung der Gegenstände, die sich auch im sozialen Leben der Klassen widerspiegelt; denn wenn zu viele Dinge oder mehr als eine Material-serie für eine Gruppe von dreißig oder vierzig Kindern zur Verfügung steht, ergibt sich daraus eine Verwirrung; so hingegen gibt es wenige Gegenstände, auch wenn es viele Kinder sind.

In jeder Klasse mit vielen Kindern wird sich jeweils nur ein Exemplar eines Gegenstandes befinden. Wenn ein Kind etwas haben möchte, womit sich ein anderes beschäftigt, wird es das nicht haben können; und wenn es sich um ein normalisiertes Kind handelt, wird es warten, bis das andere mit seiner Arbeit fertig ist. So entwickeln sich bestimmte soziale Eigenschaften, die von großer Bedeutung sind: Das Kind weiß, daß es Gegenstände, die von anderen verwendet werden, respektieren muß – nicht weil man ihm das gesagt hat, sondern weil es diese Realität aus seinen gesellschaftlichen Erfahrungen kennt. Es sind viele Kinder und nur ein Gegenstand. Da bleibt nichts anderes übrig, als zu warten. Und wenn dies über Jahre hinaus zu jeder Tagesstunde geschieht, prägt sich der Begriff des Respektierens und des Wartens in das Leben eines jeden Individuums ein, wie eine Erfahrung, die mit der Zeit reift.

Daraus ergibt sich eine Umformung, eine Anpassung, die der Aufbau des gesellschaftlichen Lebens selbst ist. Die Gesellschaft gründet sich nicht auf Bevorzugungen, sondern auf eine Kombination von Tätigkeiten, die in Harmonie gebracht werden müssen. Aus ihren Erfahrungen entwickelt sich in den Kindern eine weitere soziale Tugend: die Geduld, eine Art Selbstverleugnung in der Hemmung der eigenen Impulse. Somit festigen sich spontan die Charakterzüge, die wir als Tugenden bezeichnen. Nicht wir, sondern die Erfahrung kann die dreijährigen Kinder diese Form der Moral lehren. Da in anderen Umgebungen die Normalisierung nicht stattfinden konnte und alle Kinder auf der Welt um den Besitz der Dinge kämpften, während die Kinder in unseren Schulen darauf warteten, stach diese Tatsache noch mehr den Personen in die Augen, die mich fragten: »Wie konnten Sie diese Disziplin bei so kleinen Wesen erreichen?« Aber nicht ich, sondern die vorbereitete Umgebung und die in ihr gegebene Freiheit ermöglichen das Auftreten von Eigenschaften, die man im allgemeinen bei Kindern von drei bis sechs Jahren nicht antrifft.

Das Eingreifen der Erwachsenen in diese erste Vorbereitung auf das gesellschaftliche Verhalten ist fast immer verkehrt. Bei der Übung des »Gehens auf der Linie« verfehlt eines der Kinder die Richtung, und ein Zusammenstoß scheint unabwendbar. Der Erwachsene verspürt den Impuls, den Kleinen zu nehmen und umzudrehen, aber das Kind wird allein fertig und wird das Problem lösen, nicht immer auf die gleiche Art, aber immer in zufriedenstellender Weise. Andere ähnliche Probleme treten laufend auf, und das Kind freut sich, auf diese zu treffen. Die Kinder ärgern sich, wenn die Erwachsenen eingreifen: Sich selbst überlassen, lösen sie diese Probleme gut. Auch das ist eine Übung in sozialer Erfahrung, und diese Probleme, friedlich gelöst, konstituieren eine ständige Erfahrung in Situationen, die der Lehrer nie schaffen könnte. Im allgemeinen greift der Lehrer ein, und da seine Lösung anders ist als die der Kinder, stört er die soziale Harmonie der Klasse. Wenn eines dieser Probleme auftritt, sollen wir die Kinder, abgesehen von besonderen Fällen, selbst damit fertig werden lassen. Auf diese Weise können wir mit größerer Objektivität die Äußerungen und das Verhalten der Kinder beobachten, über die der Erwachsene noch sehr im dunkeln ist. Durch diese täglichen Erfahrungen festigt sich ein gesellschaftlicher Aufbau.

Die Anhänger der direkten Unterrichtsmethode verstehen nicht, wie sich in einer Montessori-Schule das soziale Verhalten entwickeln kann, wo, wie sie glauben, man sich nur um den schulischen Stoff kümmert, aber nicht um das soziale Leben. Sie sagen: »Wenn die Kleinen alles alleine tun, wo bleibt dann noch das soziale Leben?« Aber was ist das soziale Leben anderes als Lösen von Problemen, gutes Verhalten und Entwerfen von Plänen, die für alle annehmbar sind? Sie glauben, das soziale Leben bestünde darin, nebeneinander dazusitzen und einem zuzuhören, der spricht; das ist keineswegs soziales Leben.

Die einzige Gelegenheit zu sozialem Leben haben die Kinder in öffentlichen Schulen nur in den Pausen oder bei den seltenen Ausflügen; während die Kinder unserer Schule immer in einer Arbeitsgemeinschaft leben.

Soziales Leben

Je zahlreicher die Kinder einer Klasse sind, um so besser zeigen sich die Charakterunterschiede, und es ist einfacher, die verschiedenen Erfahrungen zu machen. Diese werden fehlen, wenn nur wenige Kinder da sind. Die größte Vervollkommnung der Kinder wird durch die sozialen Erfahrungen erreicht.

Betrachten wir nun den Aufbau dieser Kindergesellschaft. Sie wurde durch Zufall gebildet, aber für einen weisen Zweck. Die Kinder, die sich in einer geschlossenen Umwelt vereinigt fanden, waren aus verschiedenen Altersgruppen (von drei bis sechs Jahren). Normalerweise wird das in den Schulen nicht so gehandhabt, so lange zumindest nicht, als die Älteren nicht geistig zurückgeblieben sind. Die Kinder werden immer altersmäßig in Klassen zusammengefaßt; nur in wenigen Schulen finden wir diese *vertikale* Gliederung in der gleichen Klasse.

Als einige unserer Lehrerinnen das Kriterium der Gleichaltrigkeit in den Klassen anwenden wollten, zeigten die Kinder selbst die sich daraus ergebenden Schwierigkeiten auf. In der Familie ist es schließlich das gleiche. Eine Mutter kann sechs Kinder haben und doch den Haushalt leicht führen. Die Schwierigkeiten beginnen bei Zwillingen oder bei Gruppen gleichaltriger Kinder, denn es ist mühsam, kleine Kinder zu betreuen, die alle dasselbe benötigen. Die Mutter, die sechs Kinder verschiedenen Alters hat, ist viel besser dran als die mit nur einem Kind. Ein Einzelkind ist immer schwierig, nicht nur, weil es oft verwöhnt ist, sondern weil ihm die Spielgefährten fehlen und es darunter mehr als die anderen leidet. Die Familien haben oft mit dem Erstgeborenen Schwierigkeiten, nicht mit den darauffolgenden Kindern. Die Eltern glauben, das liege an ihrer größeren Erfahrung, aber der wahre Grund ist, daß die Kinder Gefährten haben. Das Interessante an der Gesellschaft sind die verschiedenen Typen, aus denen sie sich zusammensetzt. Ein Altersheim für alte Männer oder alte Frauen ist etwas Totes. Es ist unmenschlich und grausam, Menschen gleichen Alters zusammenzutun. Dasselbe trifft für die Kinder zu, denn dadurch zerreißen wir das Band des sozialen Lebens und nehmen ihm die Nahrung. In den meisten Schulen besteht einmal eine Trennung nach den Geschlechtern und dann nach dem Alter, das ungefähr in allen Klassen gleich ist. Das ist ein grundlegender Fehler, der zu jeder Art anderer Fehler führt: Es ist eine künstliche Isolierung, die die Entwicklung des sozialen Gefühles verhindert. Unsere Kinder befinden sich im allgemeinen in gemischten Klassen. Es ist jedoch nicht so wichtig, Jungen und Mädchen beisammen zu haben, die sehr wohl auch getrennte Schulen besuchen können, als vielmehr Kinder verschiedenen

Alters. Unsere Schulen haben bewiesen, daß sich die Kinder verschiedenen Alters untereinander helfen; die Kleinen sehen, was die Größeren tun, und bitten sie um Erklärungen, die diese ihnen gern geben. Es ist ein regelrechter Unterricht, da die Geistesform des fünfjährigen Kindes dem des dreijährigen so nahe ist, daß das Kleine von ihm leicht aufnimmt, was wir ihm nicht erklären können. Zwischen ihnen besteht eine Harmonie und eine Lehrgabe, wie sie selten zwischen Erwachsenen und Kindern zu finden sind.

Die Lehrer können eine Reihe von Dingen einem dreijährigen Kind nicht klarmachen, die ein fünfjähriges hingegen sehr gut erklären kann. Unter ihnen besteht eine natürliche geistige Osmose. Dazu kommt, daß sich das dreijährige Kind dafür interessiert, was das fünfjährige tut, denn es liegt nicht weit außerhalb des Bereiches seiner Möglichkeiten. Alle die Größeren werden zu Helden und Meistern, und die Kleinen bewundern sie. Sie lassen sich von ihnen inspirieren und arbeiten dann allein. In den anderen Schulen, wo alle Kinder gleichaltrig sind, könnten die intelligenteren sehr gut die anderen unterrichten, aber im allgemeinen erlaubt das der Lehrer nicht; diese beschränken sich also darauf zu antworten, wenn es die anderen nicht wissen, und so kommt oft der Neid auf. Bei kleinen Kindern gibt es keinen Neid; es kränkt sie nicht, daß die großen mehr wissen als sie, denn sie fühlen, wenn sie einmal gewachsen sind, wird die Reihe an ihnen sein. Es besteht Liebe, Bewunderung und eine wirkliche Brüderlichkeit unter ihnen. In den alten Schulen ist der Wettstreit die einzige Art, das Klassenniveau zu heben. Aber das führt natürlich leider zu Neid, Haß und Demütigung, was bedrückende und antisoziale Gefühle sind. Das intelligentere Kind wird somit eitel und bekommt die Macht über die anderen, während sich in unseren Schulen die Fünfjährigen als Beschützer ihrer kleineren Gefährten fühlen. Es ist schwer vorstellbar, wie sich diese Atmosphäre des Beschützens und der Bewunderung verstärkt und in den Handlungen der Kinder niederschlägt: Die Klasse wird eine durch Liebe vereinte Gruppe. Die Kinder lernen untereinander ihre Charaktere kennen und schätzen sich gegenseitig. In den alten Schulen heißt es nur: »Dieser hat den ersten Preis bekommen und der andere eine schlechte Note.« So kann sich keine Brüderlichkeit entwickeln; und doch formen sich in diesem Alter die sozialen und antisozialen Eigenschaften, je nach der Umgebung. Dort liegt der Ausgangspunkt.

Einige befürchten, daß das fünfjährige Kind, wenn es sich mit dem Lehren beschäftigt, selbst nicht lernen könne; aber erstens lehrt das Kind ja nicht immer, und seine Freiheit wird respektiert, und zweitens vervollkommnet das Kind das, was es weiß, indem es lehrt, denn es muß seinen kleinen Wissensschatz analysieren und umarbeiten, will es ihn an andere weitergeben. Dadurch sieht es die Dinge klarer und wird für den Austausch entschädigt.

Die Klassen der drei- bis sechsjährigen Kinder und der

sieben- bis neunjährigen Kinder sind auch nicht streng voneinander getrennt, so daß die sechsjährigen Kinder von der darauffolgenden Klasse Anregungen empfangen. Die Trennwände in unseren Schulen sind nicht durchgezogen, und die Schüler können leicht von einer Klasse in die andere gehen. Wenn ein Kind von drei Jahren in eine Klasse der sieben- bis neunjährigen Kinder kommt, hält es sich dort nicht auf, denn es merkt sofort, daß es nichts Nützliches für sich empfangen kann. Es gibt also Begrenzungen, aber keine Trennungen, und alle Gruppen stehen miteinander in Verbindung. Jede Gruppe hat ihre Umgebung, aber ist nicht isoliert. Es besteht immer die Möglichkeit zu einem geistigen Spaziergang. Ein dreijähriges Kind kann beobachten, wie das neunjährige Quadratwurzeln zieht, und kann es fragen, was es macht. Wenn es durch die Antwort nicht befriedigt wird, wird es in seine Klasse zurückkehren, wo es interessantere Dinge findet; ein sechsjähriges Kind hingegen kann etwas davon verstehen und für sich etwas davon verwerten. In dieser Form von Freiheit kann man die unterschiedlichen Grenzen der Intelligenz in den verschiedenen Altersklassen beobachten. So sahen wir, wie Kinder von acht oder neun Jahren das Quadratwurzelziehen verstanden, indem sie die Arbeit der zwölf- bis vierzehnjährigen Kinder verfolgten; auf diese Weise wurde uns klar, daß sich die achtjährigen Kinder für Algebra interessieren konnten. Nicht allein das Alter führt zu

einem Fortschritt, sondern auch die Freiheit, sich umzuschauen.

In unseren Schulen herrscht lebhafter Verkehr. Die
Kleinen sind voller Begeisterung, weil sie *verstehen*,
was die Größeren tun, und diese ihrerseits, weil sie ihr
Wissen vermitteln können. Es gibt keine Minderwer-
tigkeitskomplexe, sondern ein normales gegenseitiges
Verhalten, das dem psychischen Kräfteaustausch entspringt.

All dies und anderes beweist, daß diese Phänomene an
unseren Schulen, die so außerordentlich zu sein schienen, in Wirklichkeit nichts anderes sind als das Ergebnis natürlicher Gesetze.

Indem man das Verhalten dieser Kinder und ihre gegenseitigen Beziehungen in einer Atmosphäre der
Freiheit untersucht, enthüllt sich das wahre Geheimnis
der Gesellschaft. Diese feinen und zarten Dinge, die
mit einem geistigen Mikroskop untersucht werden
müssen, sind Fakten von ungeheurem Interesse, die
die wahre Natur des Menschen offenlegen. An unseren Schulen beobachten wir deshalb wie in psychologischen Forschungslaboratorien, wobei es sich nicht um
echte Forschung, sondern um Beobachtungen handelt.
Es sind noch andere, bemerkenswerte Tatsachen mit-
zuteilen.

Wir haben bereits darüber gesprochen, daß die Kinder
ihre eigenen Probleme selber lösen, aber noch nicht
darüber, wie sie es tun. Wenn wir die Kinder, ohne
einzugreifen, beobachten, sehen wir etwas, das son-

derbar erscheint: Die Kinder helfen einander nicht in der Weise, wie wir es tun. Da schleppen Kinder schwere Gegenstände, und keines der anderen rührt sich, ihnen zu helfen. Sie respektieren sich gegenseitig und greifen nur ein, wenn Hilfe nötig ist. Dieser Vorgang macht uns klar, daß sie das existentielle Bedürfnis des Kindes intuitiv erfassen und respektieren: nicht unnötig Hilfe zu erhalten. Einer unserer Schüler hatte einmal das ganze geometrische Arbeitsmaterial auf dem Boden ausgebreitet, als man plötzlich von der Straße das Spielen einer Kapelle hörte, die eine Prozession begleitete, welche unter den Fenstern vorbeizog. Alle Kinder liefen, um zu sehen, was los ist, außer jenem, das das Material auf dem Boden ausgebreitet hatte; es wäre nie auf den Gedanken gekommen, soviel Dinge in dieser Weise ringsum liegen zu lassen. Es mußte sie ganz normal einsammeln, und keines half ihm dabei; seine Augen jedoch standen voller Tränen, weil es zu gerne die Prozession gesehen hätte. Als die anderen das bemerkten, kamen viele zurück, um ihm zu helfen. Die Erwachsenen besitzen nicht dieses feine Unterscheidungsvermögen für Notsituationen. Sie helfen häufig, wenn es nicht notwendig ist. Wenn eine Dame sich setzen möchte, wird ein höflicher Mann aufgrund seiner guten Umgangsformen oft einen Stuhl oder Tisch zurechtrücken, obwohl sie sich bestens allein setzen könnte; oder er bietet ihr den Arm, um eine Treppe hinunterzugehen, während sie sehr gut auch ohne Unterstützung hinuntergehen könnte. Aber wenn man sich einer echten Not gegenübersieht, ändert sich alles. Wenn man Hilfe braucht, findet man niemanden; aber wenn man keine Unterstützung braucht, sind alle zur Stelle. Auf diesem Gebiet kann der Erwachsene den Kindern nichts beibringen. Ich glaube, daß das Kind wahrscheinlich in seinem Unbewußten die Erinnerung seines vorrangigen Wunsches und Bedürfnisses besitzt, seine Kräfte bis zum Äußersten anzuspannen. Deswegen wird es instinktiv nie einem anderen helfen, wenn die Hilfe ein Hindernis sein könnte.

Ein anderer, interessanter Zug im Verhalten der Kinder ergibt sich gegenüber Störenfrieden. Nehmen wir zum Beispiel ein Kind an, das erst vor kurzem in die Schule aufgenommen wurde und sich noch nicht an die Umgebung gewöhnt hat: es ist unruhig, stört und stellt für alle ein Problem dar. Im allgemeinen wird es der Lehrer zurechtweisen: »Das gehört sich nicht, das ist nicht nett«, oder: »Du bist ein böses Kind.« Die Reaktion seiner Schulkameraden jedoch ist grundverschieden. Einer von ihnen geht zu dem Neuankömmling hin und erklärt ihm: »Du bist ungezogen, aber das macht nichts, als wir hier neu waren, sind wir auch nicht besser gewesen.« Indem er Verständnis für ihn hatte und seine Bosheit als Unglück ansah, wollte der kleine Kamerad den anderen trösten und all das Gute hervorholen, das möglicherweise in ihm steckte. Was für eine gesellschaftliche Umwälzung wäre es, wenn der Übeltäter Mitleid erwecken und wir uns bemühen würden, ihn zu trösten, mit dem gleichen Mitleid etwa, das wir für einen Kranken empfinden. Böses zu tun ist im übrigen oft eine psychische Krankheit, hervorgerufen durch eine schlechte Umwelt, durch die Bedingungen bei der Geburt oder durch andere unglückliche Umstände, und müßte eigentlich Mitleid und den Wunsch zu helfen hervorrufen; dadurch würde wohl unsere Sozialstruktur viel besser werden.

Wenn einem unserer Kinder ein Unglück geschieht, wenn es zum Beispiel eine Vase zerbrochen hat, wird das Kind, das sie fallen ließ, oft verzweifelt sein, weil es die Zerstörung nicht wollte, und es hat ein Gefühl der Minderwertigkeit, weil es nicht in der Lage war, den Gegenstand richtig zu tragen. In seiner instinktiven Reaktion sagt der Erwachsene: »Schau, jetzt hast du sie zerbrochen. Warum läßt du deine Finger nicht von Sachen, die ich dir verboten habe anzufassen?« Zumindest wird ihm der Erwachsene den Befehl geben, die Scherben aufzulesen, in dem Gedanken, daß das Kind so besser seine Schuld fühlt, wenn es die Stücke zusammensuchen muß. Was tun hingegen unsere Kinder? Sie kommen alle herbei, um zu helfen, und sagen mit einem ermutigenden Ton in ihren Stimmen: »Das macht nichts, wir werden eine andere Vase finden.« Einige sammeln die Scherben ein, während andere das auf dem Boden verschüttete Wasser aufwischen. Ihr Instinkt läßt sie dem Schwachen durch Trost und Mutzuspruch helfen. Dies ist ein Instinkt des sozialen Fortschritts. Es wäre ein großer Schritt in unserer Weiterentwicklung, wenn die Gesellschaft den Schwachen und den Armen helfen würde, statt sie zu unterdrük-ken. Unsere gesamte medizinische Wissenschaft be-ruht auf diesem Prinzip; aus diesem Instinkt heraus entstand der Wille, nicht nur denen, die Mitleid erwek-ken, zu helfen, sondern der Menschheit insgesamt. Es ist keineswegs ein Fehler, den Schwachen und Unter-legenen Mut zu machen, sondern es ist ein Beitrag zum Fortschritt der gesamten Gesellschaft. Die Kinder wei-sen diese Gefühle auf, kaum daß sie sich normalisiert haben, und sie zeigen sie nicht nur untereinander, sondern auch den Tieren gegenüber.

Man glaubt, daß den Kindern die Achtung vor den Tieren anerzogen werden muß; denn man ist der Mei-nung, die Kinder seien von Natur aus grausam oder gefühllos; aber das stimmt nicht. Wenn sich die Kinder normalisiert haben, beschützen sie eher instinktiv die Tiere. In Laren hatten wir eine kleine Ziege. Ich brachte ihr jeden Tag Futter und hielt es so hoch, daß die Ziege sich auf die Hinterbeine stellen mußte, um fressen zu können. Es interessierte mich, sie in dieser Stellung zu sehen, und die Ziege schien sich zu vergnügen. Aber eines Tages kam ein Kleines und hielt seine Händchen unter ihren Leib, um sie zu stützen. Es hatte einen ängstlichen Gesichtsausdruck, denn es fürchtete, das Tier könnte ermüden, wenn es nur auf zwei Beinen stehen muß. Das war zweifellos ein sehr freundliches und spontanes Empfinden.

Ein weiteres Charakteristikum unserer Schulen ist die

Bewunderung für die Besten. Die Kinder sind nicht nur nicht neidisch, sondern alles, was gut gemacht wird, ruft ihre begeisterte Bewunderung hervor. Dies geschah bei der unerwarteten Explosion des Schreibens. Das erste Wort, was einer von ihnen geschrieben hatte, war für sie Anlaß zu großer Freude und Gelächter: Alle schauten mit Bewunderung auf den »Schreiber« und wurden sofort angeregt, dem Beispiel zu folgen: »Ich kann es auch!« riefen sie. Die gute Arbeit des einen regt die der ganzen Gruppe an.

Dasselbe geschah beim Alphabet. Einmal machte eine ganze Klasse, indem die Kinder die Buchstabenkarten wie Fahnen trugen, eine Prozession, und die Freude und das Geschrei waren so groß, daß alle aus den unteren Stockwerken (die Schule befand sich auf dem Dach) heraufkamen, um zu sehen, was passiert war. Die Lehrerin erklärte ihnen: »Sie sind vom Alphabet begeistert.«

Unter den Kindern besteht eine offensichtliche Form von Brüderlichkeit, die auf einem höheren Gefühl beruht, das Einheit in der Gruppe schafft. Anhand dieser Beispiele können wir erkennen, daß in einer Umgebung, in der sich die Gefühle auf einem hohen Niveau befinden und die Kinder normalisiert sind, eine Art Anziehung geschaffen wird. So wie sich die Größeren den Kleineren zuwenden und umgekehrt, so werden die normalisierten Kinder von den neu ankommenden angezogen, und diese wieder von den bereits eingewöhnten.

Gesellschaft durch Kohäsion

Das gesellschaftliche Zusammenleben unter den oben beschriebenen freien Erfahrungen führt die Kinder schließlich dazu, sich als Gruppe zu fühlen und als solche zu handeln. Sie bilden eine wirkliche *Gesellschaft*, verbunden durch geheimnisvolle Bande, die wie ein einziger Körper handelt. Es waren Bande gemeinsamer und doch individueller Gefühle; obwohl es sich um »unabhängige Individuen« handelte, wurden sie von dem gleichen Impuls bewegt. Eine solche Gesellschaft scheint eher durch den *absorbierenden Geist* verbunden zu sein als durch das Bewußtsein.

Die Linie des Aufbaus, die wir beobachtet haben, ist mit der Arbeit der Zellen während des Aufbaus des Organismus vergleichbar. Offenbar hat auch die Gesellschaft eine embryonale Phase, die in ihrer Anfangsform bei den sich entwickelnden Kindern beobachtet werden kann.

Es ist bemerkenswert zu sehen, wie sie sich langsam bewußt werden, daß sie eine Gemeinschaft bilden und sich als solche verhalten. Sie bemerken, daß sie einer Gruppe angehören und zur Aktivität dieser Gruppe beitragen. Sie beginnen nicht nur, sich dafür zu interessieren, sondern man könnte sagen, daß sie sich damit in der Tiefe ihres Geistes befassen. Wenn die Kinder dieses Niveau erreicht haben, handeln sie nicht mehr mechanisch, sondern sehen in erster Linie darauf, die Ehre der Gruppe zu erhalten. Diesen ersten Schritt hin zum sozialen Bewußtsein habe ich als »Familien- oder Stammesgeist« bezeichnet und beziehe mich damit auf die primitiven menschlichen Gesellschaften, bei denen das Individuum in der Liebe, der Verteidigung und der Achtung der Werte der eigenen Gruppe den Sinn der individuellen Aktivität erblickt.

Die ersten Äußerungen dieses Phänomens verwunderten uns, denn sie geschahen völlig unabhängig und ohne Beeinflussung unsererseits. Sie erschienen wie die aufeinanderfolgenden Zeichen der Entwicklung, so wie in einem gewissen Alter die ersten Zähne das Zahnfleisch durchbrechen. Diese Verbindung, die sich aus einem spontanen Bedürfnis gebildet hat, geleitet durch eine innere Kraft und angeregt durch einen sozialen Geist, habe ich als »Gesellschaft durch Kohäsion« bezeichnet.

Ich kam zu dieser Auffassung aufgrund spontaner Äußerungen der Kinder, die uns sehr verwunderten. Ich führe hierzu ein Beispiel an: Als der argentinische Botschafter von unseren Schulen hörte, wo vier- und fünfjährige Kinder völlig selbständig arbeiteten, spontan lasen und schrieben und eine nicht von der Autorität des Lehrers auferlegte Disziplin hielten, wollte er es nicht recht glauben. Anstatt seinen Besuch anzukündigen, zog er es vor, überraschend zu kommen. Leider

kam er an einem freien Tag, und die Schule war geschlossen. Die Schule nannte sich »Kinderhaus« und
befand sich in einem Wohnblock, wo die Kinder mit
ihren Eltern wohnten. Ein Kleines war zufällig im
Schulhof, als der Botschafter eintrat, und vernahm
seine Worte des Bedauerns. Es begriff, daß es sich um
einen Besucher handelte, und sagte zu ihm: »Das
macht nichts, wenn die Schule zu ist, der Hausmeister
hat die Schlüssel, und wir sind alle zu Hause.« Die Tür
wurde geöffnet, die Kinder kamen in die Klasse und
begannen zu arbeiten. Sie fühlten sich verpflichtet, zur
Ehre der Gruppe alles gut zu machen. Keines erwartete
sich einen persönlichen Vorteil, keines wollte sich her-
vorheben, alle arbeiteten für ihre Gemeinschaft zusammen. Die Lehrerin erfuhr erst am folgenden Tag, was
geschehen war.

Dieses soziale Bewußtsein, das nicht durch Belehrung
eingeflößt war und nichts mit irgendeiner Form des
Wettbewerbs oder persönlichem Interesse zu tun hat,
war eine Naturgabe. Es handelte sich also entschieden
um ein Ziel, das die Kinder kraft ihrer Anstrengung
erreicht hatten. Wie Coghill sagt: »Die Natur bestimmt
das Verhalten, aber dieses entwickelt sich nur aufgrund der Erfahrungen in der Umgebung.« Die Natur
erstellt offensichtlich ein Schema für den Aufbau der
Personalität und der Gesellschaft, aber dieses Schema
verwirklicht sich nur durch die Arbeit des Kindes,
wenn ihm die Möglichkeit gegeben wird, diese zu
Ende zu führen. Auf diese Weise illustriert uns das

Kind die aufeinanderfolgenden Phasen der gesellschaftlichen Entwicklung. Dieser Gemeinschaftsgeist,
der die Gesellschaft beherrscht und sie vereint, entspricht nahezu dem, was der amerikanische Pädagoge
Washburne *soziale Integration* nennt. Er behauptet, daß
diese der Schlüssel für eine soziale Neuordnung sei
und daß sie die Basis für die gesamte Erziehung bilden
müsse. Die soziale Integration ist erreicht, wenn sich
das Individuum mit der Gruppe, zu der es gehört,
identifiziert. Wenn das geschieht, denkt das Individuum mehr an den Erfolg der Gruppe als an seinen
persönlichen. Washburne erläutert seine Auffassung
mit dem Beispiel der Ruderregatten von Oxford und
Cambridge: »Jedes Individuum vollbringt die höchste
Anstrengung für die Ehre seiner Farben, obwohl es
weiß, daß ihm daraus weder ein Vorteil noch ein be-
sonderer Ruhm erwächst. Wenn das bei jedem sozialen Unternehmen der Fall wäre, von den bedeutenden,
die die gesamte Nation betreffen bis zu denen der
Industrie usw., wenn alle von dem Wunsch beseelt
wären, der Gemeinschaft, der sie angehören, und
nicht sich selbst Ehre zu bereiten, wäre die gesamte
Menschheit erneuert. In den Schulen müßte dieses
Gefühl der Integration des Individuums in die Gesellschaft gefördert werden, denn gerade das fehlt überall,
und dieser Mangel führt die Gesellschaft zum Zusam-
menbruch und zur Zerstörung.«
Das Beispiel einer Gesellschaft, in der die soziale Integration besteht, ist die Gesellschaft der kleinen Kinder,

die von den geheimnisvollen Kräften der Natur geleitet sind. Wir müssen sie schätzen und uns zu eigen machen, denn weder der Charakter noch die Gefühle können sich aufgrund der Belehrung bilden: sie sind ein Erzeugnis des Lebens.

Die Kohäsionsgesellschaft ist nicht dasselbe wie die organisierte Gesellschaft, die über das Schicksal des Menschen regiert; es ist einfach die letzte Phase in der Entwicklung des Kindes, es ist die fast göttliche und geheimnisvolle Schöpfung eines sozialen Embryos.

Organisierte Gesellschaft

Wenn das Kind mit dem sechsten Lebensjahr in eine neue Phase der Entwicklung tritt, die den Übergang vom sozialen Embryo zum sozialen Neugeborenen bezeichnet, beginnt plötzlich deutlich eine andere spontane Lebensform: eine bewußt organisierte Vereinigung. Nun suchen die Kinder die Prinzipien und Gesetze kennenzulernen, die die Erwachsenen festgelegt haben. Sie suchen nach einem Anführer, der die Gemeinschaft führt. Der Gehorsam gegenüber dem Anführer und den Regeln bildet offensichtlich das Bindegewebe dieser Gesellschaft. Wie wir wissen, wurde dieser Gehorsam in dem vor der Periode der Entwicklung liegenden embryonalen Stadium vorbereitet. McDougall beschreibt diese Art von Gesellschaft, die die Kleinen von sechs, sieben Jahren bereits beginnen aufzubauen. Sie unterwerfen sich den älteren Kindern, als würden sie einem Instinkt folgen, der »Herdentrieb« genannt wird. Vernachlässigte und sich selbst überlassene Kinder organisieren oft Banden, Gruppen, die sich gegen die Prinzipien und die Autorität der Erwachsenen auflehnen. Diese natürlichen Bedürfnisse, die fast immer zu einem rebellischen Verhalten führen, wurden durch die Bewegung der Pfadfinder auf ein höheres Niveau gehoben. Diese Bewegung entspricht einem wirklichen sozialen Entwicklungsbedürfnis, das der Natur der Kinder und der Jugendlichen innewohnt.

Dieser »Herdentrieb« ist etwas anderes als die Kohäsionskraft, welche die Basis für die Gesellschaft der Kleinkinder war. Die darauffolgenden Gesellschaftsformen, die sich weiterentwickeln, bis sie das Niveau der Gesellschaft der Erwachsenen erreichen, sind bewußt organisiert und brauchen von einem Menschen aufgestellte Regeln, wie auch einen Anführer, der sich Respekt verschafft.

Das Leben in der Gesellschaft ist ein natürliches Faktum, und als solches gehört es zur menschlichen Natur. Es entwickelt sich wie ein Organismus, der während seines Aufbaus verschiedene Merkmale aufweist. Ich möchte ihn mit der Herstellung eines Gewebes vergleichen, dem Spinnen, dem Weben, die von großer Bedeutung in der indischen Heimindustrie sind. Natürlich muß man bei den Anfängen beginnen und zuerst das weiße Büschel betrachten, das die Baumwollpflanze um ihren Samen bildet. Wollen wir den Aufbau der menschlichen Gesellschaft betrachten, müssen wir ebenfalls beim Kleinkind beginnen und es in seiner familiären Umgebung beobachten, in der es geboren wurde. Sobald die Baumwolle gepflückt ist, wird sie gereinigt – was auch die erste Arbeit in Gandhis Landwirtschaftsschulen ist –, indem man sie von den schwarzen Samen befreit, die an den Büscheln

kleben. Diese erste Arbeit enspricht unserer Tätigkeit, wenn wir die Kinder aus den Familien bekommen und ihre Fehler korrigieren, ihnen helfen, sich
zu konzentrieren und zu normalisieren. Gehen wir
zur Arbeit des Spinnens über. Bei unserem Beispiel
entspricht das Spinnen der Bildung der Personalität
des Kindes, die durch Arbeit und soziale Erfahrung
erreicht wird. Das ist die Basis des Ganzen: die Entwicklung der Personalität. Ist der Faden gut gezwirnt
und fest, wird auch das Gewebe daraus in gleicher
Weise fest sein. Die Qualität des Tuches hängt vom
Garn ab. Diese Tatsache muß in erster Linie beachtet
werden, denn das Gewebe aus schlechtem Garn hat
keinen Wert.
Dann kommt der Moment, wo die Fäden auf den
Webstuhl gespannt werden, alle in die gleiche Richtung und durch Häkchen an den Seiten befestigt. Sie
laufen alle parallel und sind gleich lang und so getrennt, daß sie sich nicht berühren. Sie bilden den
Einschlag eines Stoffes, sind aber nicht der Stoff
selbst. Und doch könnte der Stoff ohne den Einschlag nicht gewebt werden. Wenn die Fäden zerreißen oder von der Stelle rücken, weil sie nicht gut in
der gleichen Richtung befestigt waren, kann die
Spule sie nicht durchqueren. Dieser Einschlag entspricht der Kohäsion der Gesellschaft. Die Vorbereitung der menschlichen Gesellschaft gründet sich auf
die Tätigkeit der Kinder, die, getrieben von den Na-
turbedürfnissen in einer begrenzten Umgebung, han-

deln entsprechend unserem Beispiel mit dem Webstuhl. Schließlich sind sie alle in der Tendenz auf das
gleiche Ziel verbunden.

Nun beginnt das eigentliche Weben, wenn die Spule
durch die Fäden läuft und sie vereint, indem sie sie
durch Querfäden fest an ihren Platz bindet. Dieses
Stadium entspricht der organisierten Gesellschaft der
Menschen, die sich auf Gesetze stützt und unter der
Leitung einer Regierung steht, der alle gehorchen.
Wenn wir es mit einem wirklichen Stück Stoff zu tun
haben, bleibt dieses ganz, auch wenn wir es vom
Webstuhl lösen. Es ist auch unabhängig fähig zu bestehen und kann benützt werden. Es kann eine unbe-
grenzte Menge davon erzeugt werden. Die Menschen
bilden nicht nur deshalb eine Gesellschaft, weil sich
jedes Individuum einer besonderen Aufgabe in seiner
Umgebung zugewandt hat und eine bestimmte Arbeit
leistet, wie das Kind in seiner Gruppe: Die letzte Form
der menschlichen Gesellschaft gründet sich auf die
Organisation.

Die beiden Dinge gehen allerdings ineinander über.
Die Gesellschaft stützt sich nicht nur auf die Organisation, sondern auch auf die Kohäsion – und von den
beiden ist letzteres das grundlegende Element und
dient als Basis für den Aufbau der Organisation. Gute
Gesetze und eine gute Regierung können nicht die
Massen zusammenhalten und handeln lassen, wenn
die Individuen nicht auf etwas ausgerichtet sind, was
sie zusammenhält und zu einer Gruppe macht. Die

Massen sind ihrerseits wieder mehr oder weniger stark und aktiv, je nach dem Entwicklungsgrad der Personalität der einzelnen Individuen und ihrer inneren Ausrichtung.

Bei den Griechen war die Bildung der Personalität die Grundlage für den gesellschaftlichen Aufbau. Alexander der Große, der einst ihr Anführer war, eroberte mit wenigen Männern ganz Persien. Auch die Moslems bilden eine gewaltige Einheit, nicht so sehr aufgrund ihrer Gesetzte und ihrer Führer als wegen ihrer gemeinsamen Ideale. Periodisch ziehen sie in großen Pilgermassen nach Mekka. Diese Pilger kennen sich nicht untereinander, sie sind weder durch ein privates Interesse noch von einem Ehrgeiz getrieben; es sind Individuen, die auf das gleiche Ziel zustreben. Keiner treibt sie an, keiner befiehlt ihnen, und doch sind sie zu enormen Opfern bereit, um ihr Gelübde zu erfüllen. Diese Pilgerfahrten sind ein Beispiel für Kohäsion.

In der Geschichte Europas begegnen wir im Mittelalter einem Phänomen, das man in den heutigen, von Kriegen zerrütteten Zeiten vergeblich zu erreichen versucht hat: die echte Einheit der europäischen Nationen. Und wie kam es dazu? Das Geheimnis dieses Triumphes lag im religiösen Glauben, der alle Individuen der europäischen Reiche und Nationen erobert hatte und der sie durch seine gewaltige Kohäsionskraft vereinte. Damals gab es wirklich Könige und Kaiser (von denen jeder sein Volk nach eigenen Gesetzen führte), die alle der Kraft des Christentums ergeben waren. Die Kohäsion genügt jedoch nicht, um eine Gesellschaft aufzubauen, die in der Welt tätig ist und eine auf Arbeit und Intelligenz gegründete Kultur schafft. In unseren Tagen können wir uns auf die Juden beziehen, die durch eine tausendjährige Kraft der Kohäsion zusammengehalten wurden, aber erst jetzt im Begriffe sind, sich als Nation zu organisieren. Sie sind wie der »Einschlag« eines Volkes.

Es ist bemerkenswert, daß wir in letzter Zeit auch ein neues geschichtliches Beispiel vor Augen haben. Mussolini und Hitler waren sich als erste darüber klar, daß man die Individuen von ihrer ersten Kindheit an vorbereiten muß, wenn man eine sichere Eroberung anstrebt. Sie erzogen die Kinder und Jugendlichen über Jahre hinaus und flößten ihnen ein Ideal ein, damit es sie vereine. Hierbei handelte es sich um ein neues logisches und wissenschaftliches Vorgehen, was immer auch der moralische Wert gewesen sein mag. Diese Führer fühlten, daß sie eine »Kohäsionsgesellschaft« als Basis für ihre Pläne benötigten, und bereiteten sie von Grund auf vor.

Die Kohäsionsgesellschaft ist jedoch ein Naturphänomen, das sich spontan und aufgrund der schöpferischen Anregung der Natur aufbauen muß. Keiner kann an Gottes Stelle treten, und wer es versucht, wird ein Dämon. Das gleiche geschieht, wenn die Erwachsenen mit ihrem Stolz die schöpferischen Energien der kindlichen Personalität unterdrücken.

Auch die Kraft der Kohäsion bei den Erwachsenen

beruht auf Idealen, die dem Mechanismus der Organisation überlegen sind. Es müßte zwei miteinander verflochtene Gesellschaften geben: Eine würde ihre Wurzeln sozusagen in der unbewußten schöpferischen Zone des Geistes haben, die andere würde von den Menschen, die bewußt handeln, abhängig sein. Mit anderen Worten: Die eine beginnt in der Kindheit, und die andere legt sich von seiten der Erwachsenen darüber. Denn wie wir zu Beginn dieses Buches gesehen haben, *absorbiert* der *absorbierende* Geist des Kindes die Merkmale des Volkes. Die Merkmale, die das Kind aufweist, wenn es als »geistiger Embryo« lebt, sind weder Entdeckungen des Verstandes noch der menschlichen Arbeit, sondern es handelt sich um jene Merkmale, die sich im kohäsiven Teil der Gesellschaft finden. Das Kind nimmt sie auf, inkarniert sie und formt dadurch seine eigene Personalität. Somit wird es ein Mensch mit einer bestimmten Sprache, einer bestimmten Religion und einer bestimmten Art von Gebräuchen. Das, was fest und fundamental ist, was grundlegend in der immer in Umwälzung befindlichen Gesellschaft ist, ist ihr kohäsiver Teil. Wenn wir dem Kind erlauben, daß es sich entwickelt und die unsichtbaren Wurzeln dessen bildet, was der Erwachsene einmal sein wird, können wir das Geheimnis erkennen, von dem unsere individuelle und soziale Kraft abhängt.

Indessen – und wir brauchen uns nur umzuschauen, um es zu bemerken – beurteilen, handeln und richten

sich die Menschen nur nach dem organisierten, bewußten Teil der Gesellschaft; sie wollen die Organisation festigen und sichern, als ob sie allein deren Schöp-
fer wären; sie schenken den unentbehrlichen Grundlagen dieser Organisation keinerlei Beachtung, sondern
kümmern sich nur um die menschlichen Richtlinien,
und ihr Streben gilt dem Finden einer Führung.

Wie viele hoffen auf einen neuen Messias, auf ein
Genie, das die Kraft hat, zu erobern und zu organisieren! Nach dem Ersten Weltkrieg wurde der Vorschlag
gemacht, Schulen für die Vorbereitung von *Führern*
einzurichten, denn es hatte sich gezeigt, daß die, die es
bereits gab, nicht genügend vorbereitet und nicht Herr
der Geschehnisse waren. Es wurde tatsächlich versucht, durch »Tests« überlegene Personen herauszufinden, junge Leute, die sich während der Schulzeit als
besonders geeignet gezeigt hatten, um sie für führende
Stellungen vorzubereiten. Aber wer konnte sie ausbilden, wenn es zu diesem Zweck keine überlegenen
Lehrkräfte gab?

Es sind nicht die Führer, die fehlen – oder wenigstens
beschränkt sich die Frage nicht auf diese Einzelheit.
Die Frage ist viel weitgreifender: Leider sind es die
Massen, die für das soziale Leben unserer Zivilisation
völlig unvorbereitet sind. Das Problem liegt also darin,
die Massen zu erziehen, die Charaktere der Individuen
zu erneuern, die in jedem von ihnen verborgenen
Schätze aufzudecken und ihre Werte zu entwickeln.
Das kann kein Führer vollbringen, auch wenn er ein

noch so großes Genie ist. Mit einer unvorbereiteten Menge wird dieses Problem nie gelöst werden können. Das ist das wichtigste und quälendste Problem unserer Zeit. Das Niveau der menschlichen Massen ist niedriger, als es sein müßte. Wir haben bereits das Diagramm der beiden Anziehungskräfte betrachtet, die eine, die vom Zentrum ausgeht, und die andere von der Peripherie. Die große Aufgabe der Erziehung muß darin liegen, die Normalität zu retten, die mit eigener Kraft dem Zentrum der Vollkommenheit zustrebt. Heute hingegen macht man nichts anderes, als künstlich unnormale Menschen, die zu Geisteskrankheiten neigen und ständiger Fürsorge bedürfen, zu betreuen, damit sie nicht in die Peripherie abgleiten; denn sind sie einmal dorthin geraten, werden sie zu extra-sozialen Wesen. Das, was heute geschieht, ist ein wahres Verbrechen an der Menschheit. Es schlägt auf uns alle zurück und könnte uns vernichten. Die Masse der Ungebildeten, die die halbe Erde bedeckt, ist keine wirkliche Last für die Gesellschaft. Das, was wiegt, ist die Tatsache, daß wir, ohne es zu bemerken, die Schöpfung des Menschen ignorieren und die von Gott selbst dem Kind mitgegebenen Schätze mit Füßen treten; denn dort ist die Quelle der moralischen und geistigen Werte, die die ganze Welt auf ein höheres Niveau bringen können. Wir weinen angesichts des Todes und streben danach, die Menschheit vor der Vernichtung zu bewahren. Aber es ist nicht die Rettung vor Gefahren, sondern unsere individuelle Erhebung und unser

Schicksal selbst als Menschen, was wir vor Augen haben müssen. Nicht der Tod, sondern das verlorene Paradies muß uns betrüben.

Die größte Gefahr liegt in unserer Unwissenheit: Wir finden Perlen in den Austernschalen, Gold im Felsen, Kohle in den Eingeweiden der Erde, aber wir ignorieren den geistigen Keim, die Nebula der Schöpfung, die das Kind in sich birgt, wenn es in unsere Welt kommt, um die Menschheit zu erneuern.

Wenn in den normalen Schulen die bereits beschriebene spontane Organisation erlaubt wäre, würde diese zu einer erheblichen Verbesserung führen. Die Lehrer hingegen glauben, daß die Kinder beim Lernen nicht aktiv sind, und treiben sie dazu an und ermutigen sie, oder sie strafen und loben sie; und um sie anzuregen, ermutigen sie den Wettstreit und wollen damit die Anstrengung beleben. Man könnte meinen, daß alle auf der Suche des Bösen sind, um dann die Genugtuung zu haben, es zu bekämpfen: Der Erwachsene hat die Veranlagung, das Laster zu entdecken, um es zu unterdrücken. Aber das Verbessern der Fehler ist oft demütigend und entmutigend; und da es die Grundlage der Erziehung ist, ergibt sich daraus im allgemeinen ein Absinken des Lebensniveaus. In den Schulen ist es nicht erlaubt abzuschreiben. Es wird als eine Schuld angesehen, einem schwächeren Schüler zu helfen. Der Schüler, welcher seinem Gefährten hilft, der seine Aufgabe nicht fertigbringt, wird genauso als schuldig betrachtet wie der, der die Hilfe annimmt.

Auf diese Weise bildet sich keine Einheit, und es wird ein Prinzip von Moralität auferlegt, das das normale Niveau senkt. Bei jeder Gelegenheit wird wiederholt: »Du sollst *nicht* trödeln«, »Du sollst *nicht* unruhig sein«, »Du sollst *nicht* helfen«, »Antworte *nicht*, wenn du nicht gefragt bist.« Alles ist negativ ausgerichtet. Was sollen wir in dieser Situation tun? Auch wenn der Lehrer versucht, das Niveau seiner Klasse zu heben, wird er dies immer anders tun, als es die Kinder tun würden. Vielleicht wird er bestenfalls sagen: »Sei nicht neidisch, wenn jemand besser ist als du«, oder: »Räche dich nicht, wenn dich jemand beleidigt hat.« Da die geläufige Erziehung voller Verbote ist, ist es allgemeine Ansicht, daß alle unrecht haben und die Aufgabe darin besteht, sie im Bereich des Möglichen zu verbessern. Aber die Kinder tun oft Dinge, die der Lehrer sich nicht einmal vorstellen kann: Sie sind nicht nur »nicht neidisch«, sondern *bewundern* die, die besser sind als sie. Bestimmte Verhaltensweisen des Geistes können nicht erweckt werden, wenn sie nicht bestehen, aber wenn sie bestehen und instinktiv sind (wie sie es in Wirklichkeit sind), ist es außerordentlich wichtig, sie zu ermutigen und zu pflegen. Dasselbe kann auch gesagt werden über: »Du sollst dich nicht rächen!« Es geschieht oft, daß ein Kind mit einem anderen Freundschaft schließt, das es beleidigt hat; aber niemand kann es dazu *zwingen*. Man kann Sympathie und Liebe für jemanden empfinden, der Schlechtes tut; aber diese Sympathie kann uns nicht *aufgezwungen* werden. Es ist schön, einem geistig schwächeren Gefährten zu helfen, aber nicht aus *Zwang*. Wie ich sagte, müssen die natürlichen Gefühle unterstützt werden. Leider werden sie hingegen oft verhärtet, und die gesamte Arbeit der Schulen wickelt sich in der unteren weißen Zone ab, die zur anti-sozialen und extra-sozialen Peripherie neigt. Der Lehrer ist als erster der Meinung, daß das Kind unfähig ist und unterrichtet werden muß, und dann glaubt er gut daran zu tun, wenn er sagt: »Tu dies oder jenes nicht«, oder mit anderen Worten: »Du sollst nicht in die Peripherie rutschen.« Die normalisierten Kinder hingegen weisen einen klaren Hang zum Guten auf und haben nicht das Bedürfnis, das Schlechte zu »meiden«. Ein weiterer negativer Akt ist die Unterbrechung der Arbeit nach einem Stundenplan, zu bestimmten Zeiten. Man sagt zum Kind: »Widme dich nicht zu lange einer Sache, sonst ermüdest du«, während das Kind offensichtlich zeigt, daß es die größte Anstrengung vollbringen möchte. Die Schulen, die wir heute haben, können den schöpferischen Instinkt des Kindes nicht unterstützen. Die Kinder haben in sich einen Überschwang von Aktivität; eine Überschwenglichkeit in der intensiven Arbeit, in der Hochschätzung der Arbeit, im Trösten der Traurigen und in der Hilfe für die Schwachen. Ich möchte das Verhältnis der gewöhnlichen und der normalisierten Schulen mit dem des Alten und des Neuen Testaments vergleichen. Die Zehn Gebote des Alten Testaments: »Du sollst nicht töten«, »Du sollst nicht stehlen«, und all die anderen negativen Formeln eines Gesetzes sind nur für Menschen notwendig, deren Geist noch verdunkelt und verwirrt ist. Im Neuen Testament hingegen gibt uns Christus, ähnlich wie die Kinder, positive Gebote, wie: »Liebe deinen Feind!« Denen, die den anderen überlegen schienen, die die Gesetze befolgten und daher bewundert sein wollten, sagt Christus: »Ich bin für die Sünder gekommen.« Es genügt jedoch nicht, die Menschen diese Prinzipien zu lehren; es genügt nicht, zu wiederholen: »Liebe deinen Feind«, da dies nur in der Kirche gesagt wird und nicht auf dem Schlachtfeld, wo das Gegenteil geschieht. Wenn man sagt: »Du sollst nicht töten«, wird die Aufmerksamkeit nur auf das Schlechte gelenkt, um sich selbst zu beschützen, als ob das Gute unerreichbar sei. Einen Feind zu lieben scheint so unmöglich zu sein, daß es im allgemeinen ein leeres Ideal bleibt.

Und warum? Weil die Güte ihre Wurzeln nicht im Herzen des Menschen hat: Vielleicht war es einmal so, aber inzwischen ist sie tot und begraben. Wenn Rivalität, Wetteifer und Ehrgeiz während der gesamten Erziehungsperiode ermutigt wurden, wie kann man dann von Menschen erwarten, die in dieser Atmosphäre aufgewachsen sind, daß sie mit zwanzig oder dreißig Jahren gut sind, nur weil ihnen Güte gepredigt wird? Ich bin der Meinung, daß das unmöglich ist, da für das geistige Leben keine Vorbereitung stattgefunden hat.

Nicht die Predigten, sondern die schöpferischen Instinkte sind wichtig, da sie eine Wirklichkeit darstellen: Die Kinder handeln der Natur entsprechend und nicht, weil sie der Lehrer dazu ermahnt. Das Gute sollte in der gegenseitigen Hilfe seinen Ursprung haben, in der Einheit, die der geistigen Kohäsion entspringt. Diese Gesellschaft, die sich aus der Kohäsion entwickelt, wie es uns das Kind offenbart hat, ist die Grundlage aller Organisation. Daher bin ich der Meinung, daß wir Kinder von drei bis sechs Jahren nicht belehren können. Wir können sie täglich und stündlich bei ihren ununterbrochenen Übungen mit Verständnis beobachten und ihre Entwicklung verfolgen. Das, was eine Gabe der Natur ist, entwickelt sich durch ständige Arbeit: Die Natur bietet eine Führung, aber sie zeigt auch, daß für jede Entwicklung auf jedem Gebiet eine ständige Anstrengung und Erfahrung notwendig sind. Wenn diese Möglichkeit fehlt, können keine Predigten helfen. Das *Wachstum* hat seinen Ursprung in der Aktivität, nicht im intellektuellen Begreifen. Daher ist die Erziehung der Kleinen vor allem zwischen dem dritten und dem sechsten Lebensjahr wichtig, denn das ist die embryonale Periode für die Bildung des Charakters und der Gesellschaft (genauso, wie sich in der Periode von der Geburt bis zu drei Jahren die Psyche bildet und in der Periode vor der Geburt das physische Leben). Das, was das Kind zwischen dem dritten und sechsten Lebensjahr vollbringt, ist nicht von einer Doktrin abhängig, sondern von göttlichen Richtlinien, die den Geist beim Aufbau anleiten. Es sind die Keime des

»menschlichen Verhaltens«, und diese können sich nur in einer rechten Umgebung von Freiheit und Ordnung entfalten.

Die Disziplin im
»Kinderhaus«

Die Erfahrungen, die gesammelt wurden, haben wiederholt die Gewißheit bestätigt, daß sich in unseren Klassen kleiner Kinder mit bis 40, ja sogar 50 Schülern eine bessere Disziplin als in den allgemeinen Schulen erreichen läßt. Wer gutgeführte Schulen besucht, ist beeindruckt von der Disziplin der Kinder. Da sind nun 40 Kinder zwischen 3 und 7 Jahren, von denen jedes seiner Arbeit nachgeht: die einen machen Sinnesübungen, andere solche der Mathematik, wieder andere berühren Buchstaben, zeichnen, beschäftigen sich mit den Rahmen oder stauben ab; einige sitzen an einem Tisch, andere hocken auf einem Teppich am Boden. Man vernimmt das schwache Geräusch von Gegenständen, die leicht verschoben werden, von Kindern, die auf Zehenspitzen herumlaufen. Von Zeit zu Zeit ertönt ein kaum unterdrückter Freudenschrei, ein eindringlicher Ruf: »Fräulein! Fräulein!«, ein Ausruf: »Schau, was ich gemacht habe!«

Doch häufiger sind alle ganz gesammelt.

Die Lehrerin geht langsam und leise herum, kommt zu denen, die sie rufen, beaufsichtigt die Kinder so, daß jeder, der sie braucht, sie sogleich hört, und wer sie nicht braucht, nicht bemerkt, daß sie überhaupt da ist. *Stunden* vergehen, und alles schweigt.

Man könnte meinen, es seien *kleine Erwachsene*, wie einige Besucher des »Kinderhauses« sagten, oder – um mit anderen zu sprechen – »Senatoren während einer Sitzung«.

Bei einem so lebhaften Interesse für ihre Tätigkeit passiert es nie, daß sich Kinder um Gegenstände streiten. Vollbringt einer etwas Außergewöhnliches, dann gibt es schon Bewunderer, die an seinem neuen Werk Gefallen finden. Niemanden bedrückt das Gut des anderen, vielmehr ist der Triumph des einen die Verwunderung und die Freude der anderen; oft schafft er Nachahmer voll guten Willens. Alle scheinen glücklich und zufrieden, zu tun, »was sie können«, ohne daß das *Tun* der anderen zu Neid und peinlichem Wetteifer führt, ohne daß es eitlen Stolz erweckt. Der Dreijährige arbeitet friedlich neben dem Siebenjährigen, genau wie der Kleine damit zufrieden ist, nicht so groß zu sein, und den Älteren nicht darum beneidet. Alles wächst in tiefstem Frieden.

Wenn die Lehrerin von der ganzen Kinderschar etwas will – zum Beispiel daß alle mit ihrer Arbeit, die sie so stark gefangennimmt, aufhören –, braucht sie nur mit leiser Stimme ein Wort zu sagen, ein Zeichen zu geben, und alle halten mit der Arbeit ein und schauen sie interessiert an, »begierig ihr gehorchen zu können«.

Viele Besucher sahen, wie die Lehrerin Befehle an die Tafel schrieb und die Kinder freudig gehorchten.

Nicht nur die Lehrerin, sondern jeder, der etwas von ihnen verlangt, sieht voll Erstaunen, wie sie peinlich gewissenhaft mit freudigem Entgegenkommen gehorchen. Häufig wollen die Besucher wissen, wie ein Kind singt, das gerade beim Malen ist. Dann läßt das Kind seine Malarbeit liegen, um ihnen gefällig zu sein. Kaum hat es jedoch diesen höflichen Akt hinter sich gebracht, kehrt es zur unterbrochenen Arbeit zurück. Die Kleinsten vollenden oft die angefangene Arbeit, bevor sie gehorchen.

Einer der erstaunlichsten Fälle von Disziplin ereignete sich während des Examens der Lehrerinnen, die meine Vorlesungen über die Methode gehört hatten. Es gab dabei auch einen *praktischen* Teil, und so standen Gruppen von Kindern den Examenskandidaten zur Verfügung, welche die Kinder verschiedene Übungen durchführen ließen, entsprechend ihrer durch das Los gezogenen Prüfungsaufgabe. Die Kleinen verbrachten ihre Zeit bei uns so, wie es ihnen am besten gefiel: sie *arbeiteten ständig* und kehrten nach der durch das Examen hervorgerufenen Unterbrechung zu ihrer vorigen Beschäftigung zurück. Von Zeit zu Zeit brachte uns eines der Kinder eine während des Wartens vollendete Zeichnung.

Die unerschöpfliche Geduld, Beständigkeit, Gefälligkeit der Kleinen erregte große Bewunderung.

Es könnte daraus der Eindruck übermäßig *gebändigter* Kinder entstehen, wenn nicht das gänzliche Fehlen von Schüchternheit, die glänzenden Augen, der heitere, unbefangene Ausdruck, die Ungezwungenheit, mit der sie zum Betrachten ihrer Arbeit aufforderten oder die sie bei der Abgabe von Erklärungen erkennen ließen, verdeutlicht hätten, daß wir es mit den »Herren im Hause« zu tun hatten: Ihre Gefühlsäußerungen, wenn sie ihre Arme um die Knie der Lehrerin legen oder deren Schultern und Kopf nach unten ziehen, um ihr einen Kuß ins Gesicht zu drücken, enthüllen uns außerdem ein Herz, das sich frei entfalten konnte.

Wer ihnen beim Tischdecken zusieht, ist gewiß voller Angst und fällt von einem Erstaunen ins andere. Kleine vierjährige Serviererinnen nehmen Messer und legen sie zusammen mit weiterem Besteck auf, tragen Tabletts, auf denen bis zu fünf Gläser stehen, und gehen schließlich von einem Tisch zum anderen mit dem großen, mit heißer Suppe gefüllten Topf. Niemand schneidet sich, niemand zerbricht ein Glas, es wird kein Tropfen Brühe vergossen. Während des Essens passen schweigende Serviererinnen eifrig auf. Keiner löffelt seine Suppe aus, ohne gleich einen zweiten Teller angeboten zu bekommen, und wenn er *fertig* ist, beeilt sich die Serviererin, den leeren Teller wegzunehmen. Nicht ein Kind muß nochmals um Suppe *bitten* oder darauf aufmerksam machen, daß es *fertig* ist.

Wer so etwas sieht und an das übliche Verhalten von Vierjährigen denkt, die schreien, alles kaputt machen, bedient werden müssen, der ist von diesem erstaunlichen Schauspiel ergriffen, das offensichtlich aus geheimen Energiequellen herrührt, die in den Tiefen des menschlichen Geistes verborgen sind. Oft sah ich Tränen das Gesicht mancher Besucher netzen, die als Zuschauer einem solchen Mahl beiwohnten.

Eine derartige Disziplin ließe sich nie durch *Befehle*, durch *Ermahnungen* und schließlich auch nicht durch die allgemein bekannten Disziplinmaßnahmen erzielen.

Um Disziplin zu erhalten, ist es ganz nutzlos, auf Tadel, auf überzeugende Reden zu vertrauen. Bei diesen könnte vielleicht zu Anfang die Illusion entstehen, sie seien bis zu einem gewissen Grad wirksam, doch *kaum tritt die wirkliche Disziplin in Erscheinung*, fällt all dies sehr schnell kläglich in sich zusammen wie eine Illusion vor der Wirklichkeit: »Die Nacht weicht dem Tage.«

Die Anfangsgründe der Disziplin ergeben sich aus der »Arbeit«. In einem bestimmten Augenblick interessiert sich ein Kind plötzlich lebhaft für eine Arbeit, dies beweist sein Gesichtsausdruck, seine besonders intensive Aufmerksamkeit, seine *Beständigkeit* bei der Ausführung derselben Übung. Dieses Kind ist auf dem Weg zur Disziplin. Ob es seine angespannte Aufmerksamkeit nun einer Sinnesübung, einem Schnürrahmen oder dem Abwaschen zuwendet, ist dabei unwesentlich.

Wir können unsererseits auf die Festigung dieses Phänomens einwirken, und zwar durch wiederholte »Stillelektionen«, vollkommene Unbeweglichkeit, wache Aufmerksamkeit, um den Laut des eigenen mit tonloser Stimme von weit her ausgesprochenen Namens zu hören. Folglich sind die leichten Bewegungen, die zu dem Zweck koordiniert werden, keine Gegenstände anzustoßen, den Boden mit den Füßen kaum zu berühren, eine sehr wirksame Schulung, um *die Persönlichkeit zu ordnen*: motorisch und psychisch gesehen.

Hat sich die Konzentration auf eine Arbeit gefestigt, dann müssen wir das Kind peinlich genau überwachen und dabei die *Übungen so abstufen*, wie es uns die Erfahrung eingibt. »Unsere Bemühungen als Lehrerinnen zur Festigung der Disziplin bestehen darin, die Methode rigoros anzuwenden.«

Daraus ergibt sich schon die *große Schwierigkeit*, den Menschen wirklich zu disziplinieren. Mit Worten läßt sich das nicht erreichen; der Mensch wird nicht dadurch an Zucht und Ordnung gewöhnt, »daß er einen anderen sprechen hört«, das Phänomen erfordert vielmehr zu seiner *Vorbereitung* eine Reihe komplexer Handlungen, wie zum Beispiel die *vollständige Anwendung einer Erziehungsmethode.*

Die Disziplin läßt sich also *auf indirektem Wege erreichen, und zwar durch Entfaltung der Tätigkeit bei spontaner Arbeit.* Jeder muß die Möglichkeit finden, sich in sich selbst und in ruhiger und stiller Tätigkeit zu »sammeln«, deren Ziel nicht äußerlich ist, sondern die nur den Zweck hat, die innere Flamme, mit der unser Leben zusammenhängt, weiterhin brennen zu lassen.

Die Arbeit darf nicht willkürlich vorgeschlagen werden: Hier liegt ja gerade »die Methode«. Es muß sich dabei um die Arbeit handeln, die der Mensch in seinem Innersten anstrebt, nach der seine verborgenen Lebensneigungen insgeheim verlangen oder zu denen der einzelne nach und nach emporsteigt. Hier haben wir die Arbeit, welche die Persönlichkeit *ordnet* und ihr den unbegrenzten Weg der Entfaltung erschließt. Nehmen wir zum Beispiel die Disziplinlosigkeit des kleinen Kindes: sie ist der Ausdruck einer *muskulären Disziplinlosigkeit*. Das Kind bewegt sich ständig, und zwar ungeordnet: es wirft sich auf den Boden, tut seltsame Dinge, schreit usw. Hinter alldem steht der verborgene Drang, *die Koordination der Bewegungen zu suchen*, die sich später festigt. Das Kind ist der in Bewegung und Sprache noch nicht gewandte Mensch, der dies aber werden muß. Es ist auf eigene, *mit vielen Fehlern und mühsamer Anstrengung* verbundene Erfahrungen angewiesen, die es *zum richtigen Ziel* hin unternimmt, das es zwar instinktiv erfaßt hat, das ihm jedoch nicht klar bewußt ist.

Die Bewegungen, die sich fixieren sollen, entsprechen dem Verhalten des Menschen. Die Kinder müssen sich die Bewegungen und die Angewohnheiten ihrer Umgebung aneignen. Deshalb muß das Kind die Möglichkeit haben, diese Bewegungen zu üben. Sehen, wie andere sie machen, genügt dabei nicht. Seine Bewegungen entsprechen nicht denen einer Maschine, die nur einzustellen ist, sondern einem Mechanismus mit ganz bestimmter Aufgabe. Die motorische Aktivität muß also einem Zweck dienen und mit der psychischen in Zusammenhang stehen. Es besteht eine enge Beziehung zwischen der Bewegung und der lernbegierigen Intelligenz. Kinder mit ungeordneten Bewegungen sind nicht solche, die nicht gelernt haben, sich zu bewegen, sondern meist Kinder mit unterernährtem Geist, die an geistigem Hunger leiden.

Sagt man zum Kind: »Bleib still stehen, wie ich!«, so hilft ihm dies nicht. Bei einem in der Entwicklung begriffenen Menschen ist das komplexe psychisch-muskuläre System nicht durch einen Befehl zu ordnen. In diesem Fall lassen wir uns von dem anders gelagerten Beispiel des Menschen verwirren, der aus einem schlechten Trieb heraus die Unordnung liebt und (innerhalb der Grenzen seiner Möglichkeiten) einem energischen Befehl gehorchen kann, der seinen Willen auf etwas anderes, auf eine wohlbekannte Ordnung innerhalb der Grenzen seiner Möglichkeiten lenkt. Doch im Falle eines kleinen Kindes geht es darum, der natürlichen Entwicklung der gewollten Mobilität behilflich zu sein. Dann müssen alle koordinierten Bewegungen gelehrt werden, wobei sie so stark wie möglich zu analysieren und Stück um Stück zu entwickeln sind.

All diese die Koordination der Bewegungen fördernden Übungen erfolgen zur Erzielung eines bestimmten, vom Geist in Betracht gezogenen Zwecks. Dabei bewegen die Kinder nicht nur ihre Muskeln, sondern sie bringen auch Ordnung in ihren Geist und bereichern ihn. Diese Aktivität entwickelt den auf einer Reihe von Motiven aufgebauten Willen, den die Aktivität selbst erregt. Doch wenn auch die Bewegungen koordiniert worden sind, so stand der ausführende Mensch im Mittelpunkt. Mit diesen motorischen Übungen entfaltete er seinen Verstand und wurde sich so seiner Umgebung immer stärker bewußt. Eine wirkliche Koordination der Bewegungen ist das Ergebnis einer Vervollkommnung des ganzen Menschen.

Dies waren also keine Kinder, die gelernt hatten, sich zu bewegen. Sie waren diszipliniert, weil sie einen höheren Grad der Entwicklung ihrer Persönlichkeit erreicht hatten, und zwar durch die freie Wahl ihrer Betätigung.

Es ist kein Wunder, sondern ein ganz natürlicher Vorgang, daß das Kind durch diese Übungen sich im Hinblick auf die *seinem Alter entsprechende fehlende Muskelbeherrschung diszipliniert.* In Wirklichkeit ist es im Einklang mit der Natur, weil es *sich bewegt;* doch da die Bewegungen sich auf ein Ziel ausrichten, entsteht nicht mehr ein Eindruck von Unordnung, sondern von Arbeit. Dies ist die Disziplin, die in Verbindung mit einer Vielzahl *von Errungenschaften einen Zweck* hat. Das auf diese Weise disziplinierte Kind ist nicht das vorherige, das *artig* sein konnte. Es ist vielmehr ein Wesen, das sich vervollkommnet, *die üblichen Grenzen seines Alters überwunden,* einen Sprung nach vorwärts getan und sich in der Gegenwart seine Zukunft erobert hat. Deshalb ist es *gewachsen.* Keiner braucht mehr ständig neben ihm zu sein und ihm vergeblich: »Sitz still, sei artig« zu wiederholen, wobei er auch noch entgegengesetzte Gedanken durcheinanderbringt. Die *Artigkeit,* die sich das Kind erworben hat, läßt es nicht mehr träge sein, seine Artigkeit findet jetzt ihren Ausdruck in der *Bewegung*.

Tatsächlich handelt es sich bei den »Guten« um die, welche sich »auf das *Gute* zubewegen«, das sich auf der eigenen Vervollkommnung und auf den nützlichen und geordneten äußeren Werken aufbaut.

Die äußeren Werke sind in unserem Fall das *Mittel* zur Erzielung der inneren Entwicklung, sie erscheinen wie deren Erklärung: beide Faktoren durchdringen sich gegenseitig. Die Arbeit vervollkommnet das Kind innerlich, doch das Kind, das sich vervollkommnet hat, arbeitet besser, und die bessere Arbeit entzückt es, folglich fährt es fort, sich innerlich immer mehr zu verbessern.

Die Disziplin ist also kein Faktum, sondern ein Weg, auf dem das Kind mit einer Präzision, die man als wissenschaftlich bezeichnen könnte, den Begriff des *Gutseins* erringt.

Doch stärker als alles andere *kostet es die höchsten Freuden der inneren Ordnung* aus, die man durch Eroberungen erringt, welche zum selbstgesteckten Ziel führen.

Während der langen Vorbereitungszeit empfanden die kleinen Kinder Freuden, ein Aufblühen und eine Genugtuung, die der innerste Schatz ihrer Seele sind, ein Schatz, in dem sich eine besondere Sanftheit, eine Kraft ansammelt, die dann zum Ursprung des Gutseins wird. In der Tat hat das Kind nicht nur *gelernt, sich zu bewegen* und Nützliches zu tun, sondern sich auch eine besondere *Grazie* bei den Bewegungen angeeignet, die seine Gesten korrekter und anmutiger macht und die Schönheit von Hand, Gesicht und Augen hervorhebt, deren Glanz *enthüllt, daß inneres Leben in einem Menschen geboren wurde.*

Es ist leicht verständlich, daß die koordinierten, sich nach und nach *spontan* entwickelnden Bewegungen – die also bei der Übung und während der Pausen vom Kind selbst gewählt und gelenkt werden – geringere Anstrengungen benötigen als die ungeordneten Bewegungen, die das Kind vollführt, wenn es sich selbst überlassen bleibt. Das *Ausruhen der Muskeln*, die von Natur aus zur Bewegung bestimmt sind, erfolgt während *der geordneten Bewegung*, genau wie das Ausruhen der Lunge zu ihrem normalen Rhythmus beim Atmen bei voller Luftzufuhr gehört. Den Muskeln die Bewegung ganz entziehen heißt, sie entgegen ihrem eigenen motorischen Impuls zwingen: sie werden also noch mehr als angestrengt, nämlich in das Nichts ihrer Degeneration zurückgestoßen. Wie die Lungen, die zur Unbeweglichkeit gezwungen werden, würden sie zusammen mit dem gesamten Organismus in den sofortigen Tod getrieben.

Es ist also gut, sich eine klare Vorstellung davon zu machen, daß das *Ausruhen des sich Bewegenden* auch eine bestimmte Form der Bewegung ist, die den Zwekken der Natur entspricht. Sich in der Ordnung, im Gehorsam gegenüber den unsichtbaren Geboten des

Lebens zu bewegen, dies ist Ausruhen. Und in diesem besonderen Fall sind die Bewegungen, da der Mensch *intelligent* ist, desto *entspannender*, je *intelligenter* sie sind. Die Anstrengung eines Kindes, das sich abmüht, wenn es ohne Ordnung herumhüpft, führt zum Verbrauch von Nervenkräften und Herz. Die intelligente Bewegung, die ihm eine innere Befriedigung verleiht, ja fast den inneren Stolz, sich selbst überwunden zu haben, in einer höheren Welt an die Grenzen einer für das Kind unüberwindlich erscheinenden Schranke vorgedrungen zu sein – voll stiller Anerkennung und unmerklich gelenkt – vervielfältigt seine Kräfte.

Diese »Vervielfältigung der Kräfte« ist ein Ausdruck, den man physiologisch analysieren könnte: in der Entwicklung der Organe zu ihrem vernünftigen *Gebrauch*, in der besten Blutversorgung und im reaktivierten materiellen Austausch der Gewebe, lauter Faktoren, die sich für eine Entwicklung des Körpers günstig auswirken und die Gewähr für körperliche Gesundheit bilden.

Der Geist hilft dem Körper beim Wachsen; Herz, Nerven, Muskeln haben dann ihre beste Entwicklung auf ihrem Weg, denn es gibt nur einen einzigen Weg.

Gleiches ließe sich von der Entwicklung des Intellekts beim Kind sagen: Auch der auf charakteristische Weise ungeordnete kindliche Geist ist auf der Suche nach seinem Ziel und unternimmt eigene mühselige Versuche, von allen verlassen und allzuoft verfolgt.

Einmal sah ich in Rom in den Gärten des Pincio ein

wunderschönes lachendes Kind von etwa anderthalb Jahren. Es hatte einen leeren Eimer und eine kleine Schaufel und mühte sich ab, den Schotter des Weges zu sammeln, um ihn damit zu füllen. Neben ihm befand sich ein distinguiertes Kindermädchen, das sich, wie man sagen würde, in liebevollster und verständiger Weise um das Kind kümmerte. Es war Zeit heimzukehren, und das Mädchen ermunterte das Kind geduldig dazu, mit seiner Arbeit aufzuhören und sich in den Kinderwagen setzen zu lassen. Nachdem die Ermunterungen an der Festigkeit des Kleinen gescheitert waren, füllte das Mädchen selbst den Eimer mit Schotter, verfrachtete dann Eimer und Kind in den Wagen und war überzeugt, den Kleinen zufriedengestellt zu haben. Dessen lautes Geschrei, der Ausdruck von Protest gegen Gewaltanwendung und Ungerechtigkeit in dem kleinen Gesicht beeindruckten mich. Welches Übermaß an Kränkungen füllte dieses Herz. Der Kleine *wollte nicht den Eimer voller Steinchen, er wollte die Übung machen, die zum Füllen notwendig war*, und damit den Erfordernissen seines blühenden Organismus entsprechen. Das Ziel des Kleinen war *sein innerer Aufbau* und nicht das äußere Faktum, im Besitz eines mit Steinchen gefüllten Eimers zu sein. Das so lebhafte Festhalten an der Außenwelt war nur Schein, sein Lebensbedürfnis hingegen Wirklichkeit. Hätte er nämlich das Eimerchen gefüllt, so hätte er es vielleicht noch mehrmals geleert, und zwar bis zur *vollständigen Befriedigung seines Ich*. Im Einklang mit diesem Wunsch nach

Befriedigung hatte ich ihn noch kurz vorher mit roten Backen und lächelnd gesehen: die innere Freude, die Übung und die Sonne waren die drei Strahlen, die sein glänzendes Leben erleuchteten.

Der so einfache Vorfall mit diesem Kind ist ein Beispiel für das, was den Kindern in der ganzen Welt, den besten und den geliebtesten, widerfährt. Der Erwachsene *versteht sie nicht*, weil er sie nach seinem Maßstab beurteilt. Er glaubt, das Kind würde sich äußere Ziele setzen, und ist ihm liebevoll behilflich, diese zu erreichen. Das Kind hingegen verfolgt vorwiegend *den unbewußten Zweck, sich selbst zu entwickeln*. Deshalb verachtet es alles Erreichte und liebt alles, was noch erreicht werden muß. Zum Beispiel zieht es sich viel lieber selbst an, als daß es zusieht, wie man ihm noch so schöne Kleider anzieht. Es liebt mehr die Tätigkeit des Waschens als das Wohlbehagen, sich sauber zu fühlen; es zieht es vor, ein Haus zu bauen, anstatt eines zu besitzen. Denn es »soll sein Leben nicht genießen, sondern aufbauen«. In seinem *Aufbau* liegt seine wirkliche und fast *einzige Freude*. Nun liegt der Aufbau des ganz kleinen Kindes im ersten Lebensjahr in der *Ernährung*, doch danach liegt er in der Mitarbeit bei der Festigung der psychisch-physiologischen Funktion des Organismus.

Dieses schöne Kind vom Pincio ist ein Symbol dafür: es wollte freiwillig Bewegungen koordinieren, die Muskelkraft durch Hochheben von Gegenständen üben; das verstandesmäßige Urteil, bei der Arbeit sein Eimerchen zu füllen, üben; den eigenen Willen beim Fassen von Entschlüssen antreiben: die es liebte, machte es stattdessen unglücklich, weil sie glaubte, sein Ziel sei der Besitz der Steinchen.

Wir machen so häufig immer wieder denselben Fehler, wenn wir uns denken, der *geistige Besitz* stelle für den Schüler das zu erreichende Ziel dar. Wir verhelfen ihm zum *verstandesmäßigen Erwerb einiger Kenntnisse,* behindern damit seine *Entwicklung* und machen ihn unglücklich. Gewöhnlich glaubt man in der Schule, die Befriedigung sei erreicht, wenn man etwas *gelernt* hat.

Doch da wir *freizügig* zu unseren Kindern waren, konnten wir sie sehr deutlich *auf ihren Wegen zur spontanen Verstandesbildung* verfolgen.

Etwas *gelernt* zu haben ist für das Kind *ein Ausgangspunkt*. Hat es gelernt, dann beginnt es die Wiederholung der Übungen zu genießen, und so wiederholt es das Gelernte unzählige Male *mit sichtbarer Befriedigung*: es freut sich zu üben, weil es dadurch seine psychische Aktivität *entwickelt*.

Nachdem dies erprobt ist, läßt sich deutlich erkennen, daß die Vorgänge in vielen der *heutigen* Schulen zu Kritik Anlaß geben. Wenn zum Beispiel Fragen an die Schüler gestellt werden, kommt es vor, daß der Lehrer dem sich meldenden sagt: »Nein, du nicht, weil du es weißt« und den fragt, von dem er annimmt, *er wisse die Antwort nicht.*

Wer *nicht weiß*, soll urteilen, und *wer weiß*, muß schweigen, weil man es als unnötig ansieht, *über das Wissen hinaus* zu gehen. Und doch, wie oft begegnet es uns mitten im Leben des Alltags, daß wir das *wiederholen*, was wir am besten wissen, was uns am meisten begeistert, was *einem Leben in uns* entspricht.

So trällern wir gerade uns *wohlbekannte Melodien* vor uns hin, also solche, die uns *gefallen*, die wir *erlebt* haben. Wir wiederholen gerne die Erzählung von Dingen, die uns begeistern, die *wir gut kennen*, auch wenn wir uns vollkommen bewußt sind, daß wir nichts Neues sagen und diese Geschichte schon vorher erzählt haben. Gebete werden immer neu wiederholt, hat man sie erst einmal gelernt.

Doch um zu wiederholen, muß *zunächst* das zu Wiederholende *existieren*. Das *Wissen* entspricht dieser Existenz, dieser *notwendigen Voraussetzung, dem Unerläßlichen*, um mit der Wiederholung der Akte *beginnen zu können*: In der *Wiederholung* und nicht im Lernen liegt die *Übung*, die das Leben zur Entfaltung bringt.

Wenn es dem Kind also gelungen ist, diesen Zustand zu erreichen, *eine Übung zu wiederholen*, dann befindet es sich auf dem Wege der Entwicklung seines Lebens, und es erweist sich rein äußerlich als *diszipliniert*.

Dieses Phänomen wird nicht immer erreicht. *Die gleichen Übungen* lassen sich nicht in allen Altersstufen *wiederholen*. Denn die *Wiederholung* muß einem *Bedürfnis* entsprechen. Hierin liegt die experimentelle Methode der Erziehung. Man muß die *den Entwicklungsbedürfnissen des Organismus entsprechenden Übun-*

gen anbieten. Ist ein bestimmtes Bedürfnis durch das Alter bereits überholt, dann *läßt sich* eine Entwicklung, *die zur richtigen Zeit versäumt wurde, nicht mehr* in ihrer Gänze erzielen. Folglich wachsen die Kinder häufig auf fatale Weise und für immer unvollkommen auf.

Eine weitere interessante Beobachtung bezieht sich auf *die zur Ausführung der Handlungen erforderliche Zeit.* Kinder, die von sich aus die ersten Versuche machen, verfahren dabei *ganz langsam.* Ihr Leben ist dann besonderen, von den unseren vollständig verschiedenen Gesetzen unterworfen.

Kleine Kinder führen langsam und mit Ausdauer komplexe Handlungen aus, die sie sehr gerne tun, wie zum Beispiel Anziehen, Ausziehen, Putzen der Räume, Waschen, Tischdecken, Essen usw. Sie sind also bei alledem *sehr geduldig,* führen ihre beschwerliche Arbeit zu Ende und überwinden dabei alle Schwierigkeiten eines noch in der Bildung begriffenen Organismus. Wenn wir hingegen sehen, wie sich das Kind »abmüht« und »Zeit verliert«, um eine Handlung auszuführen, die wir in einem Augenblick ohne Anstrengung erledigen können, *setzen wir uns an seine Stelle* und führen sie selbst aus.

Immer in dem gleichen Vorurteil befangen, *das zu erreichende Ziel* sei die Durchführung der äußeren Handlung, ziehen wir das Kind an, waschen es, reißen ihm Dinge aus der Hand, mit denen es so gerne hantiert. Wir gießen ihm die Suppe in seinen Teller, füttern es, decken ihm den Tisch. Und nachdem wir es so bedient haben, betrachten wir es – sehr zu Unrecht, wie es derjenige immer tut, der einen anderen unterdrückt, auch wenn er ihm scheinbar Wohltaten erweist – als einen *Unfähigen und Untauglichen.* Wir halten das Kind oft für *ungeduldig,* nur weil wir es nicht verstehen, geduldig sein Tun abzuwarten, das anderen *Zeitgesetzen* gehorcht als wir; und wir halten es für *anmaßend,* gerade weil wir ihm gegenüber anmaßend sind. Diese *Beschuldigung,* dieser *Stempel,* diese *Verleumdung* lasten wie ein Dogma auf der so geduldigen und sanftmütigen Persönlichkeit des kleinen Kindes.

Wie alle Starken, die ihr *Lebensrecht* verteidigen, *begehrt* es denen gegenüber auf, die das gewisse Etwas kränken, das es in sich spürt, also die Stimme der Natur, der es gehorchen *muß.* Dann äußert es durch Gewalttätigkeit, Schreien und Weinen, daß es in seiner Aufgabe unterdrückt wurde. Es wird zum Rebellen, zum Revolutionär, zum Zerstörenden dem gegenüber, der es nicht verstand und es auf dem Weg des Lebens zurückwarf, im Glauben, ihm zu helfen. So belastet der Erwachsene, der es liebt, das Kind mit einer weiteren Verleumdung, indem er die *Verteidigung des gekränkten Lebens* als eine Form *angeborener,* für ganz kleine Kinder kennzeichnender *Bosheit* ansieht.

Was würde aus uns, wenn wir mitten in ein Volk von Fregolis gerieten, also von Menschen mit sehr schnellen Bewegungen, wie sie uns im Theater mit ihren

geschwinden Wandlungen zum Staunen und zum Lachen bringen? Wenn wir uns dann weiterhin unserer
Gewohnheit entsprechend bewegten und diese Fregolis sich auf uns stürzten, um uns anzuziehen und dabei
übel herumzustoßen; uns so schnell zu füttern, daß wir
nicht die Zeit hätten, das Essen herunterzuschlingen;
uns jede Arbeit aus der Hand zu reißen, um sie selbst
geschwind zu machen, und uns in eine unsagbar de-
mütigende Ohnmacht und Trägheit stürzen würden?
Da wir keine besseren Ausdrucksmittel hätten, würden wir uns gegen diese Rasenden durch Faustschläge
und Geschrei wehren. Mit all ihrem guten Willen, uns
zu bedienen, würden sie dann sagen, wir seien *böse*,
widerspenstig und *unfähig, das Geringste zu tun*. Doch
wir, die wir unsere wahre Heimat kennen, würden sie
auffordern: Kommt in unsere Länder, und Ihr werdet
dort eine großartige, von uns aufgebaute Kultur, unsere herrlichen Werke sehen. Diese »Fregolis« würden
uns voller Entzücken bewundern und ihren Augen
nicht trauen, wenn sie unsere so schöne, aktive, gere-
gelte, friedliche, freundliche, doch sehr viel langsa-
mere Welt als die ihre in Funktion sähen.
Etwas Ähnliches geschieht zwischen uns und den Kindern.
Die Sinnesausbildung als Ganzes umfaßt ja gerade die
Wiederholung der Übungen, deren Zweck nicht darin
besteht, daß das Kind Farben, Formen, die verschiedensten Eigenschaften der Dinge kennenlernt, sondern vielmehr darin, daß es seine Sinne in einer Übung

der Aufmerksamkeit, des Vergleichs, des Urteils verfeinert, die eine wahre *Gymnastik* für den Verstand ist. Diese von den verschiedenen Reizen vernünftig gelenkte Gymnastik ist eine Hilfe für die geistige Bildung, wie die körperliche Gymnastik die Gesundheit stärkt und das Wachstum des Körpers lenkt.

Das Kind, das sich darin übt, die Reize einzeln mit den verschiedenen Sinnen wahrzunehmen, konzentriert seine Aufmerksamkeit, entwickelt nach und nach seine psychischen Tätigkeiten, genau wie es seine muskulären Tätigkeiten mit einzelnen vorbereiteten Bewegungen ordnet. Es beschränkt sich nicht auf eine psychisch-sensorielle Gymnastik, sondern bereitet eine besondere Aktivität zur spontanen Assoziation der Gedanken vor, eine auf Vernunft aufgebaute Ordnung, die auf positiven Kenntnissen fußt, ein harmonisches Gleichgewicht des Intellekts. Aus dieser verborgenen *Gymnastik* entstehen und entwickeln sich die Wurzeln jener psychischen Ausbrüche, die dem Kind zu so viel Freude verhelfen, wenn es in seiner Umwelt *Entdeckungen* macht, wenn es die neuen Dinge gleichzeitig überdenkt und bewundert, die sich ihm von außen offenbaren, und die herrlichen, von innen kommenden Gemütsbewegungen seines wachsenden Bewußtseins, wenn schließlich in ihm sozusagen durch *spontane* Reifung, *ähnlich* den Phänomen innerer Entfaltung, die Produkte seiner Kenntnisse entstehen: Schreiben und Lesen.

Ich sah einmal, wie ein Zweijähriger, der Sohn eines

meiner Arztkollegen, den Armen seiner Mutter, die ihn mir gebracht hatte, fast entfloh und sich auf die Dinge stürzte, die auf dem väterlichen Schreibtisch angesammelt waren: der rechteckige Papierblock, der runde Deckel des Tintenfasses. Ich war ganz bewegt, als ich sah, wie der intelligente Kleine, der in bester Verfassung war, versuchte, die Übungen zu machen, die unsere Kinder mit solcher Leidenschaft ohne Unterlaß mit den Einsatzfiguren wiederholen. Vater und Mutter holten ihn weg und schimpften mit ihm, dabei erklärten sie mir, sie wären vergeblich bemüht, dem Kleinen das Berühren der Papiere und der dem Vater gehörenden Dinge zu verbieten, »doch das Kind ist *unruhig* und *böse*«. Wie oft erleben wir es, wie die Kinder auf der ganzen Welt gescholten werden, weil sie »alles anfassen« und sich gegen jede Zurechtweisung aufbäumen.

Dabei haben unsere kleinen Menschen von viereinhalb Jahren gerade durch Lenkung und Entwicklung ihres natürlichen Instinktes, *alles zu berühren* und die Harmonie geometrischer Formen zu erkennen, dem Phänomen des spontanen Schreibens so viel Freude und so große Gemütsbewegung zu verdanken.

Das Kind, das sich auf den Schreibblock stürzt, auf Tintenfässer oder ähnliche Dinge und dabei immer vergebens darum ringt, sein Ziel zu erreichen, wird von Menschen bezwungen, die stärker sind. Es ist immer aufgeregt und weint aus Enttäuschung über sein verzweifeltes Bemühen und *verschwendet nervli-*

che Energien. Wenn die Eltern glauben, ein solches Kind würde *sich ausruhen*, dann sind sie in einer Illusion befangen. Genauso ist es ein verleumderisches Mißverständnis, diesen kleinen Menschen als *böse* anzusehen, der sich bereits die Fundamente für sein intellektuelles Gebäude sehnlichst herbeiwünscht. Dagegen ruhen sich unsere Kinder aus, wenn es ihnen, die begeistert und glücklich sind, freigestellt wird, die geometrischen Platten der Einsatzfiguren umzulegen, die ihrem Antrieb zur höheren Bildung überlassen werden. Sie freuen sich in einer Atmosphäre tiefsten seelischen Friedens und wissen nicht, daß Auge und Hand sich auf die Geheimnisse einer neuen Sprache vorbereiten.

Die meisten unserer Kinder *beruhigen* sich bei solchen Übungen, ihr Nervensystem *ruht sich aus*. Wir sagen dann, daß diese Kleinen *artig* und ruhig sind. Die äußere Disziplin, über die in den allgemeinen Schulen so bitter geklagt wird, liegt schon weit hinter ihnen.

Doch wie es nicht dasselbe ist, ob ein Mensch ruhig oder *diszipliniert* ist, so stellt hier das Faktum, das sich nach außen hin in der Ruhe der Kinder äußert, ein zu sehr physisches, partielles und äußeres Phänomen dar im Vergleich mit der wahren *Disziplin*, die sich in ihnen entwickelt.

Oft glauben wir – und hier liegt ein weiteres Vorurteil –, es genüge zu *befehlen*, wenn man vom Kind eine freiwillige Handlung erhalten will. Wir verlangen, daß dieses Phänomen auftritt, und nennen die Forderung den »Gehorsam des Kindes«. Wir halten *besonders* kleine Kinder für ungehorsam; ihr Widerstand im Alter von 3 oder 4 Jahren ist so groß, daß er uns entweder zur Verzweiflung treibt oder darauf verzichten läßt, uns Gehorsam zu verschaffen. Wir beharren darauf, den Kindern die »Tugend des Gehorsams« zu preisen, die – wie wir meinen – der Kindheit eigen, ja geradezu die »kindliche Tugend« sein sollte, weil sie beim Kind so selten und schwer zu erreichen ist.

Die Illusion, entweder durch Bitten oder Befehle oder durch Erregung das zu verlangen, was sich schwer oder unmöglich erhalten läßt, ist allgemein verbreitet. So fordern wir von den Kindern Gehorsam, und diese fordern den Mond.

Gehorsam läßt sich jedoch durch eine komplexe *Bildung* der psychischen Persönlichkeit erzielen. Um zu gehorchen, genügt es nicht, dies zu wollen, man muß es auch können. Denn wenn man etwas befiehlt, dann erwartet man eine entsprechende tätige oder verwehrende Aktivität. Der Gehorsam schließt also die Bildung des Willens und des Verstandes mit ein. Diese Bildung durch die verschiedenen Übungen in ihren Einzelheiten vorbereiten bedeutet, wenn auch indirekt, das Kind auf den Weg des *Gehorsams zu bringen*.

Die gemeinte Methode enthält in jedem einzelnen Teil eine Willensübung: wenn das Kind auf einen bestimmten Zweck koordinierte Bewegungen ausführt, wenn es ein beabsichtigtes Ziel erreicht, geduldig eine Übung wiederholt, dann erprobt es seinen *Willen*.

Parallel dazu betätigt es in einer sehr komplexen Serie von Übungen die hemmenden Kräfte, zum Beispiel die Stillelektionen, die eine langwierige Kontrolle zur Verhinderung aller Bewegungen erfordern, wenn das Kind den Aufruf seines Namens erwartet und eine ganz genaue Kontrolle der darauf folgenden Handlungen, wenn es vor Freude schreien oder zumindest rennen möchte, wenn sein Name aufgerufen wird. Statt dessen *schweigt* es und bewegt sich leichtfüßig, achtet dabei darauf, allen Hindernissen aus dem Weg zu gehen, um keinen Lärm zu machen. Weitere hemmende Übungen finden wir in der Arithmetik, wo das Kind, nachdem es eine Zahl gezogen hat, unter den vielen Gegenständen, die ihm scheinbar zur Verfügung stehen, nur die gleiche Anzahl heraussuchen darf, die sein Zettel angibt. Dabei *möchte* es (wie der Versuch gezeigt hat) *soviel wie möglich nehmen*. Hat es eine Null gezogen, bleibt es geduldig mit leeren Händen sitzen. Eine weitere hemmende Übung für die Handlungen liegt in der Null-Lektion, wo das aufgerufene Kind auf so vielfältige Weise angelockt wird, nullmal zu *kommen*, null Küsse zu *geben*, und doch still sitzen bleibt und dabei ganz offensichtlich seine Neigung besiegt, die es ja gerade dazu antreibt, dem Ruf zu *folgen*. Das Kind, das den großen Topf voller heißer Suppe trägt, muß sich von jedem Reiz aus seiner Umgebung isolieren, der es ablenken könnte, der Versuchung zu hüpfen, der Belästigung durch eine Fliege in seinem Gesicht widerstehen, und allein von der *großen Verantwortung* getragen sein, den Topf weder fallen zu lassen noch schräg zu halten.

Jedesmal, wenn es den Topf so lange auf den Tisch stellte, bis sich die kleinen Gäste bedient hatten, machte ein viereinhalbjähriges Mädchen zwei oder drei Sprünge, nahm dann den Topf wieder auf, trug ihn an einen anderen Tisch und wiederholte jedesmal ihre Sprünge. Doch sie unterbrach nie ihre lange Arbeit, die Suppenschüssel an zwanzig Tische zu tragen, und sie vergaß nie die notwendige Wachsamkeit bei der Kontrolle ihres Tuns.

Wie jede andere Aktivität kräftigt und entwickelt sich der Wille durch methodische Übungen. Willensübungen finden wir bei allen Übungen des Verstandes und des praktischen Lebens der Kinder. Es sieht so aus, als lerne das Kind die Genauigkeit und die Grazie der Bewegungen, als verfeinere es seine Sinneswahrnehmungen, als lerne es zählen und schreiben, doch dabei wird es sehr viel grundlegender Herr seiner selbst und bereitet einen Menschen mit starkem und schnell beweglichem Willen vor.

Man hört oft sagen, das Kind müsse *seinen Willen* dem Gehorsam *unterordnen* können, und darin liege die Willenserziehung des Kindes, das sich unterordnen und gehorchen soll. Doch diese Forderung ist unvernünftig, weil das Kind etwas, das es nicht hat, auch nicht unterordnen kann. Wir hindern es so daran, *seinen eigenen Willen zu formen*, und begehen den größten und strafbarsten Mißbrauch ihm gegenüber.

Es hat nie weder Zeit noch Gelegenheit, sich selbst zu erproben, seine Kräfte, seine Grenzen zu beurteilen, weil es immer durch unsere Anmaßung unterbrochen und bezwungen wird. Es schmachtet in der Ungerechtigkeit, während es das Empfinden hat, scharf getadelt zu werden, weil es das nicht besitzt, was ihm jede Stunde zerstört wird.

Als Folge davon entsteht die *Schüchternheit* des Kindes; sie ist eine Art *Krankheit, die seinen Willen,* der sich nicht entwickeln konnte, *befallen hat.* Mit der üblichen Verleumdung, mit welcher der Tyrann bewußt oder unbewußt seine Fehler verdeckt, wird sie von uns als *charakteristische kindliche Eigenschaft* angesehen.

Unsere Kinder sind nie schüchtern, eine ihrer anziehendsten Eigenschaften ist ihre Ungezwungenheit bei der Behandlung von Menschen, mit denen sie in Anwesenheit anderer arbeiten; sie zeigen ihre Arbeiten freimütig und mit dem Wunsch, daß man sich an ihnen beteiligt.

In unseren »Kinderhäusern« verschwindet dieses sittliche Ungeheuer, das gezierte und schüchterne Kind, das kühn wird, wenn es mit den Spielkameraden allein ist und »Spitzbubenstreiche« macht, weil es seinen Willen nur im Schatten *entwickeln konnte.*

Außer der Übung des Willens gibt es noch einen anderen Gehorsamsfaktor, er liegt in der Kenntnis der zu vollbringenden Tat.

Eine der interessantesten Beobachtungen meiner Schü-

lerin Anna Maccheroni, zuerst im Mailänder »Kinderhaus« und dann in dem der Via Giusti in Rom, bezieht
sich gerade auf die Art und Weise, in der sich der
Gehorsam bei den Kindern im Zusammenhang mit
dem »Wissen« entwickelt.

Gehorsam entsteht beim Kind wie ein verborgener
Instinkt, kaum hat seine Persönlichkeit begonnen, sich
zu *ordnen*, wie wir sagen. Zum Beispiel beginnt ein
Kind, sich an einer bestimmten Übung zu versuchen;
einmal gelingt sie ihm *ganz unverhofft ausgezeichnet*; es
wundert sich darüber, schaut, will folglich erneut pro-
bieren, doch die Übung klappt geraume Zeit nicht
mehr. Im Anschluß daran glückt sie dem Kind fast
immer, doch wenn es jemand dazu auffordert, dann
gelingt sie ihm nicht jedesmal, vielmehr macht es fast
immer Fehler. Der äußere Befehl bewirkt die freiwillige
Handlung noch nicht. Wenn die Übung jedoch *ständig*
mit absoluter Sicherheit *erfolgreich* zu Ende geführt
wird, dann bewirkt die von außen kommende Auffor-
derung für den Zweck ausreichend geordnete Handlungen; das Kind kann also *jederzeit den erhaltenen Befehl
durchführen.*

Daß hier, abgesehen von individuellen Abweichun-
gen, Gesetze psychischen Aufbaus liegen, ergibt sich
auch aus der ganz gewöhnlichen Erfahrung, die wir
alle immer wieder, in der Schule wie im Leben, gemacht haben. Man hört oft ein Kind sagen: »Ich habe
dies gemacht, aber nun kann ich es nicht mehr.« Und
ein Lehrer, der nach erteiltem Befehl durch die Unfä-

higkeit eines Kindes enttäuscht ist: »Das Kind hatte es doch gut gemacht, nun ist es dazu nicht mehr in der Lage.« Schließlich gibt es die abgeschlossene Entwicklungsperiode, die sich darin äußert, daß die Fähigkeit, etwas zu wiederholen, ständig bestehen bleibt, wenn man es erst einmal machen kann.

Es gibt also drei Perioden: eine erste unbewußte, wo sich im Verstand des Kindes Ordnung durch einen geheimnisvollen inneren Impuls aus der Unordnung heraus bildet; rein äußerlich drückt sich dies durch eine perfekte Handlung aus. Da es jedoch noch außerhalb des Bewußtseinsfeldes geschieht, kann das Individuum diese Handlung nicht aus freien Stücken wiederholen. Eine zweite, bewußte Periode folgt unter Mitwirkung des Willens, der den Prozeß zur Entwicklung und Fixierung der Handlungen unterstützen kann. In einer dritten Periode kann der Wille das Tun leiten und bewirken und auch Befehlen von außen entsprechen.

Nun verläuft der Gehorsam parallel zu diesem Prozeß. In der ersten Periode der inneren Unordnung *gehorcht* das Kind *nicht*, als wäre es psychisch taub, als stünde es den Befehlen beziehungslos gegenüber. In der zweiten Periode möchte es gehorchen, hat es die Haltung eines Menschen, der die Befehle versteht und ihnen entsprechen will, doch es kann nicht gehorchen, oder aber dies gelingt ihm nicht immer, folglich ist es nicht dazu bereit, zeigt keine Freude am Gehorchen. In der dritten Periode kommt es prompt mit Begeisterung dem Befehl nach, und es entsteht in ihm bei der Ver-

vollkommnung der Übungen die Freude, gehorchen
zu können.

Dies ist die Periode, in der es fröhlich herbeieilt und
auch beim unmerklichsten Befehl alles liegen läßt, was
es interessiert.

Aus dieser im Bewußtsein so verankerten *Ordnung* –
dort, wo vorher das Chaos herrschte – ergibt sich der
ganze Rahmen der Phänomene von Disziplin und intellektueller Entwicklung, die sich von innen heraus
erweitert wie eine *Schöpfung*. Aus solchen geordneten
Wesen, bei denen »Licht und Schatten« getrennt wurden, entstehen überraschende Gefühle und intellektuelle Errungenschaften. Man spürt schon die ersten
Blumen von Freundlichkeit, Liebe, ernsthaftem
Wunsch nach Gutem, die ihren Duft aus den Seelen
dieser Kinder entsenden und »die Früchte des geistigen Lebens« des heiligen Paulus erwarten lassen: »Die
Früchte des Geistes sind Barmherzigkeit, Fröhlichkeit,
Geduld, Wohlwollen, Güte, Milde, Bescheidenheit.«

Sie erwerben *Tugend*, weil sie die Geduld üben – beim
Wiederholen der Übungen –, *Milde,* indem sie dem
Befehl, dem Wunsch anderer willfahren –, *Güte,* weil
sie weder Neid noch Wetteifer empfinden, wenn sie
sich am Gut anderer erfreuen; sie tun das Gute in der
Fröhlichkeit, im *Frieden* und sind im höchsten Maße und
auf wunderbare Weise *arbeitsam.*

Dies sind die ersten Linien eines Experimentes, das
eine indirekte Form von Disziplin aufweist, indem an

die Stelle des kritischen und beschwörenden Lehrers eine vernünftige *Organisation der Arbeit* und die *Freiheit* des Kindes treten. Dies bringt eine Lebensauffassung mit sich, die man gewöhnlich eher vom Religiösen als vom Inneren des Menschen her kennt, ein Anerkennen der Autorität Gottes und derer, die Ihn sichtbar vertreten, während sie ihre Grundlagen auf Arbeit und Freiheit aufbaut, den Wegen kulturellen Fortschritts.

Wir finden also in der kindlichen Persönlichkeit eine Verschmelzung von instinktiven Tugenden, die sich durch die geduldigen Übungen entwickelt haben – von sozialen Tugenden, die im freien Zusammenleben entstanden sind – und religiösen Tugenden, welche alle die vorangehenden Tugenden, erleuchtet und erhöht im bewußten Bereich der Sittlichkeit – und mit Gott verbunden – darstellen, in Erwartung übernatürlicher Früchte.

Bibliographische Notiz

»Geschichte der Methoden« und »Die Disziplin im *Kinderhaus*« aus: »Die Entdeckung des Kindes«, hrsg. von Paul Oswald und Günter Schulz-Benesch, Übertragung ins Deutsche von Edith Seidel. © 1969 by Verlag Herder GmbH & Co. KG, Freiburg

»Frühe Kindheit« und »Soziale Entwicklung« aus: »Das kreative Kind«, hrsg. von Paul Oswald und Günter Schulz-Benesch, Übertragung ins Deutsche von Christine Callori di Vignale. © 1972 by Verlag Herder GmbH & Co. KG, Freiburg

»Die Nebelflecke« aus: »Über die Bildung des Menschen«, hrsg. von Paul Oswald und Günter Schulz-Benesch, Übertragung ins Deutsche unter Benutzung einer niederländischen Übersetzung, von den Herausgebern durchgesehen und bearbeitet. © 1966 by Verlag Herder GmbH & Co. KG, Freiburg

»Die Erziehungspläne in ihrer Reihenfolge« aus: »Von der Kindheit zur Jugend«, hrsg. von Paul Oswald, Übertragung ins Deutsche von Karl Neise. © 1966 by Verlag Herder GmbH & Co. KG, Freiburg

Alle aufgeführten Werke erschienen in der Reihe der »Schriften des Willmann-Instituts München–Wien«.

Von Maria Montessori sind außerdem auf Deutsch lieferbar:

Die Entdeckung des Kindes, Freiburg, 8. Auflage 1987
Erziehung zum Menschen, Frankfurt/M.,
3. Auflage 1987

Grundlagen meiner Pädagogik, Heidelberg,
6. Auflage 1985

Kinder sind anders, Stuttgart, 12. Auflage 1988

Kosmische Erziehung, Freiburg 1988

Das kreative Kind, Freiburg, 6. Auflage 1987

Schule des Kindes, Freiburg, 2. Auflage 1987

AUSGEWÄHLTE TEXTE

ALBERT EINSTEIN 8436

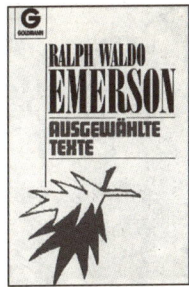

RALPH WALDO EMERSON 8441

FRIEDRICH DER GROSSE 8438

MAHATMA GANDHI 6577

JEAN GEBSER 11020

KHALIL GIBRAN 8432

WERNER HEISENBERG 11021

MARTIN LUTHER KING 8431

KONFUZIUS 8442

GOLDMANN

Goldmann
Taschenbücher

Allgemeine Reihe
Unterhaltung und Literatur
Blitz · Jubelbände · Cartoon
Bücher zu Film und Fernsehen
Großschriftreihe
Ausgewählte Texte
Meisterwerke der Weltliteratur
Klassiker mit Erläuterungen
Werkausgaben
Goldmann Classics (in englischer Sprache)
Rote Krimi
Meisterwerke der Kriminalliteratur
Fantasy · Science Fiction
Ratgeber
Psychologie · Gesundheit · Ernährung · Astrologie
Farbige Ratgeber
Sachbuch
Politik und Gesellschaft
Esoterik · Kulturkritik · New Age

Goldmann Verlag · Neumarkter Str. 18 · 8000 München 80

Bitte
senden Sie
mir das neue
Gesamtverzeichnis.

Name: _____

Straße: _____

PLZ/Ort: _____